THE EFFECTIVE EXECUTIVE IN ACTION

プロフェッショナルの原点

Peter F. Drucker
Joseph A. Maciariello

P.F.ドラッカー
＋ジョゼフ・A・マチャレロ 著
上田惇生 訳

ダイヤモンド社

The Effective Executive in Action

by

Peter F. Drucker and Joseph A. Maciariello

Original English language edition published
by HarperCollins Publishers
Japanese translation rights arranged with Co-Trustee
of the Peter F. Drucker Literary Trust, Illinois, U.S.A.
through Tuttle-Mori Agency, Inc., Tokyo

はじめに

本書のキーワードは、行動と成果である。

組織に働く者のうち、知識に優れた者は少なくない。だが、彼らが報酬を得るのは知識によってではない。なされるべきことをなすことによってである。そのなされるべきことが何であり、それをいかにしてなすかが本書のテーマである。本書はすべて、現実に仕事で成果をあげている人たちから私が六〇年にわたって教わってきたものである。

本書は、「何がなされるべきか」の書であるとともに、「いかになすべきか」の書である。当然、自己啓発の書でもある。

読者におかれては、自らの組織においてなされるべきことを明らかにし、その理由と期待する成果を書きとめていただきたい。そして後日、その覚え書きを脇にして実際の成果をチェックすることにより、ご自身が何を強みとしているか、何を手直ししなければならないか、何をしてはならないかを知っていただきたい。

そのようにして、読者の方々それぞれが、なされるべきことをなす能力を身につけ、かつご自身とその得るべき所を知っていただければ幸いである。

本書の構成は、古くからの友人であるジョゼフ・A・マチャレロ教授が担当した。教授は、私のマネジメント思想に通暁し、すでに三〇年にわたってそれを教えてきた。本書の細目を定め、引用すべき文章を選び、とるべき行動と身につけるべき姿勢のための文章を書いたのはマチャレロ教授である。

したがって私は、読者のみなさんとともに教授に深く謝意を表したい。

しかし、仕事で成果をあげるために本書を使う読者一人ひとりの行動と姿勢についての覚え書きとその後のチェックこそが、実は本書において最も価値のある部分である。

カリフォルニア州クレアモントにて

ピーター・F・ドラッカー

本書の使い方

本書は、仕事で成果をあげるうえでの必携の書たらんとするものである。成果をあげる人、成果をあげる知識労働者、成果をあげるエグゼクティブとなるための、そしてなされるべきことをなすための書である。まさに本書は、成果をあげる習慣を身につけるための訓練の書である。

成果をあげるには、次の五つの習慣を身につけることが必要である。

(1)時間をマネジメントする。
(2)貢献に焦点を合わせる。
(3)強みを生かす。
(4)重要なことに集中する。
(5)効果的な意思決定を行う。

時間をマネジメントすることと重要なことに集中することは、成果をあげるための二本の柱である。時間以外の資源はなんとかなる。だが、時間は最も稀少な資源である。したがって時間をマネジメントすることは、なされるべきことをなすための基礎である。成果をあげるためには、まず、自分の時間がどこに消えているかを知らなければならない。自分自身と他の人の時間を無駄にしているものを取り除かなければならない。

時間を無駄にしているものを取り除いたならば、新たに生じた時間を使って重要なことに集中しなければならない。成果をあげるための他のスキルはすべて、この時間をマネジメントするというスキルと重要なことに集中するというスキルが前提となる。

なされるべきことをなすためには、貢献に焦点を合わせなければならない。ここでは、自らに期待されている貢献は何か、そのためにはいかなる助力が必要かを考えなければならない。しかる後に、自らの強み、部下の強み、上司の強みを総動員しなければならない。

部下の評価と人事は、彼らにできること、すなわち彼らの強みを中心に行う必要がある。弱みのなかで重視すべきことは一つしかない。真摯さの欠如である。これだけは見逃してはならない。真摯さは、それだけでは何も生まない。だが真摯さの欠如、とくにリーダーにおける真摯さの欠如は、悪しき見本となり諸悪の根源となる。

成果をあげるためのもう一つのスキルが意思決定である。成果をあげる者は、効果的な意思決定を通じて成果をあげる。意思決定にはプロセス、すなわち手順がある。成果をあげる意思決定の多くは意見の対立のなかからもたらされる。もちろん意思決定の結果は、仕事として実行に移さなければならない。

本書を読んだからといって、それだけで成果をあげられるようになるわけではない。成果をあげるためのスキルは実際に使うことによって磨かれる。

本書は読者のスキル向上の手段となるはずである。本文に続く「とるべき行動」と「身につけるべき姿勢」の部分がそれである。必ず確認し、思うところを書きとめていただきたい。できるだけ具体的に考えていただきたい。

読者におかれては、ぜひとも本書によって成果をあげるスキルを磨き、かつご自身の強みを明らかにされることを願っている。一点を除き、すべていかにあるべきかの問題ではなく、いかになすべきかの問題である。いかにあるべきかが問題となるのは、真摯さだけである。したがって、成果をあげるスキルのほとんどは実践によって磨かれるべきものである。

成果をあげる能力は修得できる。修得しなければならない。

カリフォルニア州クレアモントにて

ピーター・F・ドラッカー
ジョゼフ・A・マチャレロ

訳者まえがき

ＧＥのジャック・ウェルチ、Ｐ＆ＧのＡ・Ｇ・ラフリーをはじめ、ドラッカーの教えを受けた企業経営者は多い。企業、公的機関、非営利組織（ＮＰＯ）のいずれにも、ドラッカーに学ぶ人は大勢いる。ある経営者はドラッカーの言うとおりにやってきただけだと言い、全ページにわたって自ら引いた赤線ばかりのドラッカー本を手放さない。ある大企業幹部は、ドラッカーを読んで企業への就職が間違っていなかったことを確信したという。

ドラッカーとは、今日の転換期の到来をいち早く知らせた「現代社会最高の哲人」であり、かつ今日の経営手法の八割方を生み出した「マネジメントの父」である。同時に、組織に働く人たち一人ひとりにとってのメンターである。人を刺激してくれる存在、自信をもたせてくれる存在、背中を押してくれる存在である。

日本の経済大国化やベルリンの壁の崩壊を最初に言ったのもドラッカーであり、政府には得意なことと不得意なことがあることを指摘して世界の民営化ブームに火をつけたのも、自己目標管理やコア・コンピタンスなどの経営手法を開発したのもドラッカーである。

ドラッカーの問題意識のルーツは、二つの世界大戦の谷間という、人心が荒廃した大恐慌さ中のヨーロッパにあって、社会的存在としての人の幸せをいかにして実現するかにあった。たんなる人の群れが社会となるためには、そこにいる人たち一人ひとりに位置と役割がなければならず、そこにある権力に正統性がなければならない。これが、少壮の政治学者ドラッカーが洞察した「社会に関する一般理論」だった。

他方、産業革命以降の産業技術の進展により、あらゆる財サービスが組織によって提供され、あらゆる人間が組織を通じて生計の資、社会との絆、自己実現の機会を得るという組織社会が到来していた。その結果、人の豊かさは、物心ともに組織の運営の仕方に大きく左右されることとなった。その組織の運営の仕方がマネジメントだった。マネジメントとは、人が共有する目的に向かって共に働くための方法である。

問題は、その組織社会が社会として成立しうるかどうか、さらには、それが永続しうるかどうかである。この二つの問いに対するドラッカーの答えが、成立も永続も可能であるだった。

組織社会が人を幸せにする社会として成立し、かつ永続するためには条件があった。それがマネジメントの発展だった。だが当時、マネジメントはまだ、個々の断片として存在するにすぎなかった。それを体系化するには膨大な作業が必要だった。しかし理論家たちの理論を待つ余裕はなかった。ドラッカーは自ら、自由で平等な社会の担い手としての組織の現実のマネジメントを補完し、創造し、体系化していった。

こうして、やがて社会のあり方を洞察する現代社会最高の哲人とされるにいたった人が、同時にマネジメントの父となった。

そのドラッカーの社会論とマネジメント論の中核にあるものが仕事である。仕事ができなければ世の中への貢献はありえない。自己実現もありえない。その仕事が何であり、それをいかになすべきかをドラッカーが教えてくれる。

ひと言にして言うならば、本書はドラッカー教授の九五のアドバイスからなる「仕事で成果をあげる法」である。本書もまた、さらに多くのドラッカーファンを生みだすことを確信している。

訳者　上田惇生

プロフェッショナルの原点

目次

第1章 成果をあげる能力は修得できる　1

第2章 汝の時間を知れ　11

第3章 いかなる貢献ができるか 37

貢献の働き

会議の成果

第4章 強みを生かす

強みの総動員

人事の要諦

第5章 最も重要なことに集中する

第6章 意思決定を的確に行う 169

意思決定のプロセス

仮説としての意見

結論

成果をあげる能力は修得しなければならない

第1章

成果をあげる能力は修得できる

仕事で成果をあげることは、なされるべきことをなすことである。それはいくつかの習慣によって実現される。いずれも他のあらゆる習慣と同じように、実践によって身につけることができる。

習慣は簡単である。一見簡単そうに見える。だが、身につけることはやさしくない。子供の頃にかけ算を学んだようにして身につけなければならない。六×六＝三六《ろくろくさんじゅうろく》をすらすら言えなければならない。

成果をあげるための習慣は、練習によって身につけなければならない。

1 なされるべきことをなす

成果をあげる知識労働者となるためには、何よりもまず、なされるべきは何かを考えなければならない。

「今日の組織では、自らの知識あるいは地位のゆえに組織の活動や業績に実質的な貢献をなすべき知識労働者は、すべてエグゼクティブである。エグゼクティブは、組織図に示されている以上に大きな割合を占めている」

――『経営者の条件』

とるべき行動

自らの組織においてなされるべきことは何か？　自らがなすべきことは何か？

身につけるべき姿勢

常になされるべきことから考えることを癖にする。手本となる人はいるか？

「ジャック・ウェルチがＧＥのＣＥＯ（最高経営責任者）に就任したとき、彼はＧＥにとって必要なことは、自分がやりたかった事業の海外展開ではないことを知った。それは、利益はあがっているが、世界で一位あるいは二位になる可能性のない事業からは手を引くことだった」

——**『経営者の条件』（序章）**

「何をなしたいかではなく、何がなされるべきかから考えなければならない。しかる後に、何が自らの強みに合うかを考えなければならない。強みでないものを行ってはならない。他の者に任せなければならない。リーダーたる者は、自らが成果をあげなければならないことを知らなければならない」

——**「ピーター・ドラッカー、リーダーシップを語る」**

2 トップであるかのように成果をあげる

知識による権威は、地位による権威に匹敵する。

「重要な決定を行っている者がどれほど多いか、まだ十分認識されていない。知識による権威は地位による権威と同じように正統なものである。彼らの決定はトップの決定と何ら変わるものではない。今日あらゆる階層において、意思決定を行う者は、企業の社長や政府機関の長と同じ種類の仕事をしている。権限の範囲は限られているかもしれない。組織図や電話帳に地位や名前は載っていないかもしれない。しかし、彼らはエグゼクティブである。そしてトップであろうと新人であろうと、エグゼクティブなる者はすべて成果をあげなければならない」

――『**経営者の条件**』

とるべき行動

これまで自らが行った決定のうち、組織全体の成果に大きく貢献したものは何か?

身につけるべき姿勢

意思決定においては常に全体の成果を考える。トップのように考える。

「組織の意思決定はあらゆるレベルで行われる。知識にもとづく組織では、はるか下の意思決定さえ重要な意味をもつ。知識労働者は、自らの専門分野、たとえば税務については他の誰よりも知っていなければならない。その意思決定が組織全体に大きな影響を与える」

――**『経営者の条件』(序章)**

「知識にともなう権威が認められなければ、成果をあげることはできない。同時に、最終的な意思決定のための権限が確立されなければ、意思決定を行うことはできない。あらゆる組織において、権威と権限の構造がダイナミックな関係のもとに併存しなければならない」

――**『断絶の時代』**

3 邪魔を除去する

最大の難問は、
成果をあげなければならない者をとりまく環境である。

「組織に働く者は、自分ではコントロールできない大きな四つの現実に囲まれている。いずれも、組織に組み込まれ、日常の仕事に組み込まれている。それらのものと共生するしか、彼らには選択の余地はない。しかも、四つの現実のいずれもが、仕事の成果をあげることを妨げようとする。

第一に、時間がすべて人にとられる。

第二に、雑事に囲まれる。

第三に、組織の他の人に自らの貢献を利用してもらわなければ成果はあがらない。

第四に、組織の内側にいるために、ゆがんだレンズを通して外部を見ている」

——『経営者の条件』

とるべき行動

あなたが成果に集中することを邪魔しているものは何か？　それらのものを除去する。

身につけるべき姿勢

常に成果に集中する。

「組織に働く者の置かれている状況は、成果をあげることを要求しながら、成果をあげることをきわめて困難にしている。まさに自らが成果をあげるよう努力しないかぎり、まわりを取り巻く現実が彼らを無価値にする」

――『**経営者の条件**』

4 成果をあげる能力を身につける

成果をあげる人に共通する資質とは、
なされるべきことをなす能力だけである。

「私が知っている成果をあげる人たちは、気質と能力、行動と方法、知識と関心など、あらゆる点で千差万別だった。共通点は、なされるべきことをなす能力だった」

――『経営者の条件』

とるべき行動

組織内で成果をあげている人を三人あげるならば誰と誰と誰か？　共通する特徴は何か？

身につけるべき姿勢

成果をあげる能力を早く身につける。

「自らを変えようとする必要はない。スタイルはすでにできあがっている。それが自らのやり方である。強みでないことをする必要はない。ノーと言うことを覚えなければならない。成果をあげるリーダーは、顧客のニーズと自らの強みをうまく結びつけている」

――**「ピーター・ドラッカー、リーダーシップを語る」**

「五〇年前、私が最初にリーダーシップの問題を取りあげた。今日では誰もがリーダーシップを取りあげているが、成果をあげることをもっと取りあげてほしい。実はリーダーについて唯一言えることは、フォロワーがいるということだけである。

この一〇〇年で最も成果をあげたアメリカの大統領はハリー・トルーマンである。カリスマ性はかけらもなかった。面白味もなかった。しかし部下たちは心酔した。信頼できた。同じ問題について、誰かにノーと言い、誰かにイエスと言うことはなかった。過去一〇〇年に成果をあげた大統領はもう一人いた。ロナルド・レーガンである。彼の強みもカリスマ性ではなかった。できることとできないことを知っているだけのことだった」

――**「ピーター・ドラッカー、リーダーシップを語る」**

第2章

汝の時間を知れ

時間は有限であって、かけがえのない資源である。一日、一週、一年のいずれの時間も増やすことはできない。

だが、あらゆることが時間を必要とする。最も稀少な資源である時間のマネジメントによって、あらゆる成果が左右される。

時間をマネジメントできなければ、何もマネジメントできない。時間のマネジメントは成果をあげるための土台である。うれしいことに、時間をマネジメントすることは可能である。練習と努力によって上達することができる。

5 時間を意識する

成果をあげる人たちは、時間が最大の制約であることを知っている。産出の上限を決めるのは最も稀少な資源である。成果の場合、それが時間である。

「時間は特異な資源である。主要な資源のうち、資金は豊富にある。人材も雇うことができる。ところが時間は、借りたり、雇ったり、買ったりして増やすことができない。時間の供給は硬直的である。需要があっても供給は増えない。簡単に消滅し蓄積することもできない。永久に過ぎ去り、決して戻らない。こうして時間は常に不足する」

――『**経営者の条件**』

とるべき行動

記憶に頼って時間の配分を書き出す。次に記録して比較する。

身につけるべき姿勢

時間が制約であることを意識して毎日を送る。

「実行計画とは、意図の表明であって絶対の約束ではない。一つひとつの成功や失敗が新しい機会をもたらすよう、頻繁に修正していくべきものである。実行計画はすべて、柔軟であることを当然としなければならない。

実行計画は、時間管理の基準としても必要である。時間こそ最も稀少で価値のある資源である。本質的にあらゆる組織が時間を無駄にする。そのような状況において、時間の使い方の目途となるものが実行計画である」

――**『経営者の条件』（序章）**

6 時間を計画する

成果をあげるには、
時間がどのように使われているかを知らなければならない。

「成果をあげる者は仕事からスタートしない。時間からスタートする。計画からもスタートしない。時間が何にとられているかを明らかにすることからスタートする。次に、時間をマネジメントすべく、自らの時間に対する非生産的な要求を退ける。最後に、そうして得られた時間を大きくまとめる。したがって、時間を記録し、整理し、まとめるという三段階のプロセスが、成果をあげるために時間をマネジメントすることの基本となる」

——『**経営者の条件**』

とるべき行動

仕事を計画しているか、それとも時間の使い方を計画しているか？
どうしてそうなったのか？

身につけるべき姿勢

仕事を計画することから時間の使い方を計画することに変える。

「われわれは、時間管理について霊験あらたかな万能薬を求める。速読法の講座への参加、報告書の一ページ化、面会の一五分制限等々である。だが、これらはすべていいかさまである。それこそ時間の無駄である」

――『現代の経営』

7 時間の使い方を診断する

成果をあげるための第一歩は、時間を記録することである。

「最低でも年二回、三、四週間にわたって記録をとる。記録を見て日々のスケジュールを調整し、組み替えていく。時間の使い方は練習によって改善できる。だが絶えず努力をしないかぎり、仕事に流される」

――『**経営者の条件**』

とるべき行動

一週間の時間を記録して分類する。

身につけるべき姿勢

年に数回、時間の使い方を分類してグラフにつける。

「時間の使い方を知っている者は、考えることによって成果をあげる。行動する前に考える。繰り返し起こる問題の処理について、体系的かつ徹底的に考えることに時間を使う」

――**『現代の経営』**

8 仕事を整理する

行う必要のない仕事を見つけて捨てる。

「忙しい人たちが、やめても問題のない仕事をいかに多く行っているかは驚くほどである。楽しみでも得意でもなく、しかも古代エジプトの洪水のように毎年耐えしのんでいるスピーチ、夕食会、委員会、役員会が山ほどある。なすべきことは自分自身、自らの組織、他の組織に何ら貢献しない仕事に対してノーと言うことである。地位や仕事に関係なく、時間のかかる手紙や書類の四分の一は、くず籠に放り込んでも誰も気づかない。そうでない人にお目にかかったことがない」

――『経営者の条件』

とるべき行動

仕事の一つひとつについて、何もしないと何が起こるかを考える。それらのうち、何もしなくとも何も起こらない仕事を廃棄する。

身につけるべき姿勢

あらゆる活動について廃棄を考える。廃棄のしすぎを心配する必要はない。

「リーダーシップに関する本や論文の多くが、迅速、有効、強力に意思決定を行う方法を論じている。しかし、問題が何であるかを拙速で決めてしまうことほど愚かで、結局は時間の無駄になることはない」

——『**現代の経営**』

「する必要のまったくない仕事、何の成果も生まない時間の浪費である仕事を見つけ、捨てることである。すべての仕事について、まったくしなかったならば何が起こるかを考える。何も起こらないが答えであるならば、その仕事は直ちにやめるべきである」

——『**経営者の条件**』

9 仕事を任せる

重要なことに取り組むには、
人にできることは人に任せるしかない。

「私が知るかぎり、時間の記録を見たあとは、誰でも、自分でやらなくてもできることは人に任せるようになる。なぜならば、時間の記録を一瞥しただけで、なされるべきこと、なしたいこと、なすと約束したことに使える時間のまったくないことが明らかになるからである。重要なことを行う唯一の方法は、人にできることは人に任せることである」

――『**経営者の条件**』

とるべき行動

仕事の一つひとつについて、自分でなくてもできるかどうかを考える。

人を選んでそれらの仕事を実際に任せる。

身につけるべき姿勢

常に、人に任せられる仕事を列挙していく。

「私の知っているうち最も能力のある政治家は、第二次大戦前のドイツの最後の首相ハインリッヒ・ブリューニングだった。彼は本質を見抜くことができた。だが、あまりにも数字に弱かった。人に任せればよいのに延々と予算に時間を使っていた。失態ともいうべき仕事のやり方だった。そのため、やがてヒトラーの台頭を招いた。得意でもないことに時間を使ってはならない」

——**「ピーター・ドラッカー、リーダーシップを語る」**

「いまさら自らを変えようとしてはならない。うまくいくわけがない。得意とする仕事のやり方を磨くことに力を入れるべきである」

——**『明日を支配するもの』**

10 空いた時間をまとめる

まとまった時間はどれだけあるか。

「ほとんどの人が、重要でない仕事を後回しにして時間をつくろうとする。そのような方法ではたいしたことはできない。心のなかで、また実際のスケジュール調整のなかで、重要でない貢献度の低い仕事に依然として優先権を与えてしまう」

――『経営者の条件』

とるべき行動

まとまった時間は週に何時間あるか? 仕事を整理し、空いた時間をまとめる。

身につけるべき姿勢

まとまった時間を増やす工夫をする。

「ある人たちは、なかでも年配の人たちは、週に一日は自宅で仕事をしている。編集者や研究者がよく使う方法である。またある人たちは、会議や打合せなどの日常の仕事を週に二日、たとえば月曜日と金曜日に集め、他の日とくにその午前中は、集中して重要な問題を検討することに充てている」

――**『経営者の条件』**

「汝自身を知れとの昔からの知恵ある処方は、悲しい性《さが》の人間にとっては、不可能なほどに困難である。だが、その気があるかぎり、汝の時間を知れとの命題には誰でも従うことができる。その結果、誰でも貢献と成果への道を歩むことができる」

――**『経営者の条件』**

11 締切を設ける

成果をあげるには、継続して時間をマネジメントしなければならない。
たまに分析するだけでは不十分である。
重要な仕事には締切を設けなければならない。

「ある人は、気の進まない仕事についても、重要かつ緊急の仕事と同じように、締切を設けている。そして、それらの締切に遅れ始めると、また時間が奪われつつあることを知る。時間は稀少な資源である。時間をマネジメントできなければ、何もマネジメントできない」

――『経営者の条件』

とるべき行動

まとまった時間を投入するために、手持ちの仕事を列挙して優先順位をつける。

身につけるべき姿勢

重要な仕事と乗り気のしない仕事の双方について締切を設ける。

「仕事についての助言は、計画せよから始まる。もっともらしく思われるが、問題はそれではうまくいかないところにある。計画は紙の上で消える。よき意図の表明に終わる。実行されることは稀である」

――『**経営者の条件**』

「時間はあらゆることで必要となる。時間こそ真に普遍的な制約条件である。あらゆる仕事が時間のなかで行われ、時間を費やす。しかしほとんどの人が、この代替できない必要不可欠にして特異な資源を当たり前のように扱う。一般に人は時間をマネジメントする用意ができていない」

――『**経営者の条件**』

12 人の時間を無駄にしない

成果をあげるどころか、
人の時間を無駄にしていないか。

「あるトップは、ある会議が時間の無駄にすぎないことを百も承知していた。彼は議題の内容に関係なく役職者全員を参加させていた。そのため出席者が多くなりすぎていた。しかも出席者は、自らをアピールするための質問をするようになっていた。そのため会議はいつも長引いた。だがこのトップは、部下たちも会議を時間の無駄だと思っていることを知らなかった。会議に呼ばないと、軽んじられたと思われるのではないかと恐れていた」

――『**経営者の条件**』

とるべき行動

人の時間を無駄にしているおそれのある仕事を列挙する。それらのものを廃棄する。

身につけるべき姿勢

常に人の時間を気にする。

「人の時間を無駄にしていることがある。簡単にわかる徴候はなくとも、それを発見するための簡単な方法はある。聞けばよい。私はあなたの時間を無駄にさせるようなことをしていないか、と定期的に聞けばよい。答えを恐れずこう聞けることが、成果をあげる者の条件である」

――『**経営者の条件**』

13 混乱を繰り返さない

ルーティン化とは、才能のある者にしかできなかったことを誰にでもできるようにすることである。

「時間の浪費にはシステムの欠陥や先見性の欠如からくるものがある。その徴候は周期的に繰り返される混乱である。二度起こった混乱を三度起こしてはならない。繰り返し起こる混乱は予知することができる。したがって、予防するか、機械的な仕事にルーティン化しなければならない。

ルーティン化とは、有能な人が経験から学んだことを体系的かつ段階的なプロセスにまとめることである」

——『経営者の条件』

とるべき行動

何度も起きる混乱を探し、それぞれの再発を防ぐための対策を講ずる。処理の手順と担当者を決める。

身につけるべき姿勢

繰り返される混乱をなくしていく。

「組織構造が優れているからといって優れた業績がもたらされるわけではない。憲法が優れているからといって偉大な大統領がもたらされるわけではなく、法律が優れているからといって道徳的な社会がもたらされるわけではない。だが組織構造が間違えば、マネジメントがいかに有能であっても、優れた業績はもたらされない」

――**『現代の経営』**

14 組織をスリム化する

人員過剰が時間の浪費をもたらす。

「組織の上のほうの人たちが自らの時間をある程度以上、おそらくは一割以上を人間関係、摩擦、担当、協力に関わる問題にとられているならば、人が多すぎるといってほぼ間違いない。みなが互いに邪魔をしている。片やスリムな組織では、衝突することなく動く余地がある。始終説明をしなくとも仕事ができる」

――『経営者の条件』

とるべき行動
人間関係のどのようなことに時間をとられているか？

身につけるべき姿勢
人と人とがぶつからないよう組織をスリム化することを考える。

「組織の構造は、その組織の全員が組織全体の仕事を理解できるものでなければならない。自らの仕事が全体のどこに位置し、全体の仕事が自らの仕事、貢献、努力にとって何を意味するかを理解できなければならない」

――**『マネジメント』**

「マネジメントの階層が増えるごとに、組織は硬直化する。階層の一つひとつが意思決定を遅らせる。情報理論の法則によれば、情報量は情報の中継点、つまり階層の数が一つ増えるごとに半減し、雑音は倍になる」

――**『マネジメント・フロンティア』**

15 組織の構造を点検する

組織構造の間違いは時間の無駄をもたらす。その症状の一つが会議の多さである。

「会議は元来、組織の欠陥を補完するためのものである。人は仕事をするか会議に出るかである。両方を同時に行うことはできない。理想的に設計された組織とは、会議のない組織である。

会議を開くのは、仕事をする人たちが協力しなければならないからである。個々の状況において必要な知識と経験が、一人の頭では間に合わず、何人かの頭を合わせなければならないからである」

――『経営者の条件』

とるべき行動

会議を減らす方策を考える。会議抜きでみなが情報を入手できるようにならないか？

身につけるべき姿勢

目的のあいまいな会議はもたない。

「組織構造は戦略に従う。組織構造は目的達成の手段である。組織構造に取り組むには目的と戦略から入らなければならない。これこそ組織構造についての実りある洞察である。組織づくりにおける最悪の失敗は、理想モデルや万能モデルを、生きた組織に機械的に当てはめようとするとき生じる」

——『**マネジメント**』

「組織には守るべきいくつかの原則がある。一つ、組織は透明でなければならない。二つ、組織は誰もが理解できなければならない。三つ、組織には最終の意思決定を行う者がいなければならない。危機に際して指揮をとる者がいなければならない」

——『**明日を支配するもの**』

16 情報の入手を容易にする

情報は時間を節約するはずのものである。

「ある大病院の事務長は、長年の間、ベッドの空きを探す医師からの電話に応えてきた。入院窓口が空きはないと言っても、彼は探し出した。患者の退院については病棟の看護師が知っていた。患者に勘定書を渡す会計窓口も知っていた。だが入院窓口は、患者の退院をすぐに知らされる体制になっていなかった。患者のほとんどが昼前に退院するにもかかわらず、夕方五時のベッド調べ後の数字が回ってきていた。天才でなくとも、この状況は改善できた。看護師から会計窓口に回される伝票のコピーを増やし、入院窓口に回すだけのことだった」

——『経営者の条件』

とるべき行動

情報の伝達に何か漏れはないか？　何か遅れはないか？

身につけるべき姿勢

あらゆることについて情報の入手を容易にする。

「変化と継続の調和のためには、情報に対する不断の取り組みが不可欠である。信頼の欠如や不足ほど継続性を損ない、関係を傷つけるものはない。したがって、あらゆる組織が、何を誰に知らせるべきか考えることを当然としなければならない。このことは、情報化の進展により、協力して働くべき者たちが常に隣り合って働くとはかぎらなくなっていく状況の下にあって、ますます重要になっていく」

――**『明日を支配するもの』**

第3章

いかなる貢献ができるか

成果をあげるには、貢献に集中して取り組まなければならない。組織全体の成果に対して何を貢献できるか。さらに、明日あるいは将来に貢献するにはいかなる自己啓発が必要か。貢献に意識を向けるならば、関心を自らの専門分野から全体の成果に移さなければならなくなる。外の世界に意識を向けることが必然となる。

成果をあげるには、自らに多くを要求しなければならない。どれほど要求するかによって、成長の度合いは決まる。少ししか要求しなければ少ししか成長しない。多くを要求すれば巨人にまで成長する。

成果をあげるには、上司、部下、とりわけ他部門の人たちに、自らはいかなる貢献を、いつ、いかにして、いかなる形で行うべきかを聞かなければならない。

17 貢献に集中する

成功の鍵は責任である。

「貢献に集中して取り組むことは、仕事の内容、水準、影響力において、あるいは上司、同僚、部下との関係において、さらには会議や報告の利用において、成果をあげる鍵である。

ところがほとんどの人が下に向かって焦点を合わせる。成果ではなく努力に焦点を合わせる。組織や上司が自分にしてくれるべきことを気にする。そして何よりも、自らがもつべき権限を気にする。その結果、本当の成果をあげられない」

――『経営者の条件』

とるべき行動

自らがなすべき貢献を列挙する。

身につけるべき姿勢

時間とエネルギーを貢献のために使う。

「好きなことをするというだけでは自由にはなれない。勝手気ままにすぎない。いかなる成果もあげられない。貢献もなしえない。自らのなすべき貢献は何かとの問いからスタートするとき、人は自由になる。責任をもつがゆえに自由になる」

――『**明日を支配するもの**』

「成功の鍵は責任である。自らが責任をもつことである。あらゆることがそこから始まる。大事なのは地位ではなく責任である。責任ある存在になるということは、真剣に仕事に取り組むということであり、仕事にふさわしく成長する必要を認識するということである」

――『**非営利組織の経営**』

18 全体の成果に貢献する

自らが行うことについては常に不満がなければならない。
よりよく行おうとする欲求がなければならない。

「成果をあげるには、自らの果たすべき貢献を考えなければならない。手元の仕事から顔を上げ、目標に目を向ける。全体の成果に対して影響を与える貢献は何かを問う。そして責任を中心に据える。貢献に焦点を合わせることが、仕事の内容、水準、影響力において、あるいは上司、同僚、部下との関係において、さらには会議や報告の利用において成果をあげる鍵である」

――『経営者の条件』

とるべき行動

組織全体に対してなしうる貢献を列挙し、これまでの貢献と比較する。

身につけるべき姿勢

常に全体の成果を意識する。

「人類史上ほとんどの人間は、自らがなすべき貢献を考える必要はなかった。貢献をなすべきことは決まっていた。農民や職人のように仕事で決まっていた。家事使用人のようにご主人の意向で決まっていた。しかし、もはや決まったことや言われたことだけを行うという時代に戻るわけにはいかない。とくに知識労働者たる者は、なすべき貢献は何かを自らに問わなければならない。この問いに答えるには三つの視点が必要となる。第一に、状況は何を求めているか。第二に、自らの強み、仕事の仕方、価値観からして自らのなすべき最大の貢献は何か。第三に、いかなる成果が必要かである」

——『**Ｐ・Ｆ・ドラッカー経営論**』

19 可能性を追求する

自らの貢献を問わなければならない。

「自らの貢献を問うことは、可能性を追求することである。そう考えるならば、多くの仕事において優秀な成績とされているものの多くが、その膨大な可能性からすればあまりに貢献の小さなものであることがわかる。いかなる貢献をなしうるかを自らに問わなければ、目標を低く設定してしまうばかりでなく、間違った目標を設定することになる」

――『経営者の条件』

とるべき行動

なすべき貢献を列挙し、それぞれに目標を設定する。

身につけるべき姿勢

組織全体としてなされるべきことをなすことを自らの覚悟とする。

「企業の使命と目的を定義する際の出発点は一つしかない。顧客である。顧客を満足させることが企業の使命であり目的である。われわれの事業は何かとの問いは、企業を外部、すなわち顧客と市場の観点から見て、初めて答えることができる」

――『**マネジメント**』

「組織に働く者は、事業の目標が自らに求めているものを知り理解しなければならない。上司もまた、彼らに求め期待すべきものを知らなければならない。そして彼らを評価しなければならない」

――『**現代の経営**』

20 成果・価値・人材育成に貢献する

何において貢献をなすべきか。
仕事に貢献を組み込む。

「あらゆる組織が三つの領域での貢献を必要とする。すなわち、成果、価値、人材育成である。これらすべてにおいて貢献がなされなければ、組織は腐り、いずれ死ぬ。したがって、この三つの領域における貢献を、あらゆる仕事に組み込んでおかなければならない。

貢献に焦点を合わせるということは、責任をもって成果をあげるということである。貢献に焦点を合わせることがなければ、やがて自らをごまかし、組織を壊し、ともに働く人たちを欺くことになる」

――『**経営者の条件**』

とるべき行動

成果、価値、人材育成において自らはいかなる貢献をなすべきか？

身につけるべき姿勢

自らの地位から考えて、貢献をなすべき最も重要な領域はどれか？

いかにしてその貢献を増大させるか？

「仕事に焦点を絞らなければならない。仕事が可能でなければならない。仕事がすべてではないが第一である。たしかに、働くことの他の側面において不満足であれば、最も働きがいのある仕事さえ台無しになる。ソースがまずければ、最高の肉も台無しになる。だが、そもそも仕事そのものにやりがいがなければ、どうにもならない。

これは子供にもわかるほど明らかなことである。しかしこれまでの歴史を通じて、働くことと働く者への取り組みは、すべて仕事以外の要素に焦点を絞ってきた。マルクス主義者は、所有関係に焦点を絞り、仕事の構成や働く者のマネジメントには手をつけなかった。家族的マネジメントの信奉者は住宅や医療などの福利に焦点を絞った。だがそれらのものは、重要ではあるが、やりがいのある仕事に取って代わるものではない」

――『**マネジメント**』

21 成果を測定する

実現すべき成果をいかにして測るか。

「実現すべき成果は誰にとっても明白である。企業においては経営上の業績である。病院においては患者の治癒である。

成果が何であるべきかが混乱している状態では、成果は期待しえない」

――『経営者の条件』

とるべき行動

実現すべき成果は何か？　それをいかにして測定し評価するか？

身につけるべき姿勢

あらゆる活動において実現すべき成果を測る方法を見つける。それを使って自らの成果への貢献を評価する。

「明確かつ焦点の定まった共通の使命だけが組織を一体化し、成果をあげさせる。焦点の定まった明確な使命がなければ、組織は組織としての信頼性をただちに失う」

——『**ポスト資本主義社会**』

「使命そのものは永遠のものでよい。人類があるかぎり罪人はいる。人類があるかぎり病人もいる。アルコール中毒者もいる。麻薬中毒者もいる。不運な人もいる。数えるべきことを教えるべき遊び盛りの七歳児もいる。しかし成果の目標は具体的でなければならない」

——『**非営利組織の経営**』

22 プロフェッショナルの倫理を貫徹する

社会と自らの組織にとって価値あるものは何か。

「マネジメントの立場にある者はすべて、リーダー的な地位にあるグループの一員としてプロフェッショナルの倫理を要求される。すなわち責任の倫理である。プロフェッショナルの責任は、すでに二五〇〇年前、ギリシャの名医ヒポクラテスの誓いのなかに、はっきりと表現されている。知りながら害をなすな、である。プロたる者は、知りながら害をなすことはないと信じられなければならない。これを信じられなければ何も信じられない」

――『マネジメント』

とるべき行動

価値への取り組みにおいて、自らはいかなる貢献をなしているか？
あるいは、いかなる貢献をなすべきか？

身につけるべき姿勢

社会と自らの組織にとって価値あるものを守る。

「いかなる組織であっても、価値への取り組みが必要である。これはビタミンとミネラルの役割にあたる。組織は価値による方向性をもたなければならない。さもなければ、混乱し、麻痺し、破壊される」

――『**経営者の条件**』

23 人材を育成する

組織は永続しなければならない。

「自らを存続させられない組織は失敗である。したがって、明日のマネジメントを担うべき人材を今日準備しておかなければならない。人的資源を更新していかなければならない。確実に高度化していかなければならない。
ビジョン、能力、業績において、今日の水準を維持しているだけの組織は、適応能力を失ったというべきである。この世において唯一確実なものが変化である。自らを変革できない組織は、明日の変化のなかで生き残ることはできない」

——『経営者の条件』

とるべき行動

明日を担う人材の育成に貢献する。そのためには具体的に何が必要か？

身につけるべき姿勢

人材育成の風土とシステムを不断に改善していく。

「知識をベースとする新産業の成否は、どこまで知識労働者を惹きつけ、とどまらせ、やる気を起こさせるかにかかっている。彼らの価値観を満足させ、社会的な地位を与え、社会的な力を与えることによって活躍してもらわなければならない。そのためには、部下ではなく同僚として、高給の社員ではなくパートナーとして遇さなければならない」

——**『ネクスト・ソサエティ』**

「人の育成にあたって最も有効な方法は先生役をしてもらうことである。教えることほど学べることはない。先生役を頼むことは最高の評価でもある。営業マンであれ赤十字のボランティアであれ、どうして成績がよいのか話してくださいと頼まれることほど、うれしいことはない」

——**『非営利組織の経営』**

24

生身の人間の限界を超える

人は要求のレベルに応じて成長する。

「組織は個としての生身の人間の限界を乗り越える手段である。したがって自らを存続させえない組織は失敗である。

貢献に集中して取り組むことが人材の育成をもたらす。人は課された要求に適応する。貢献に照準を合わせる者は、ともに働くすべての者の視点と水準を高める」

――『**経営者の条件**』

とるべき行動

部下の一人ひとりに貢献を求める。だが具体的に何を求めるか？

身につけるべき姿勢

部下の強みを知り、その強みをフルに発揮させていく。

「経営者のほとんどは、あらゆる資源のうち人が最も活用されておらず、その能力も開発されていないことを知っている。だが現実には、人のマネジメントに関するアプローチの多くが、人を資源ではなく、問題、雑事、費用として扱っている」

――『**マネジメント**』

「ある大病院では、会計担当や技師さえも、年に一週間ほど看護師助手として働いている。二年に一度は仮名で入院している。医師が一人前になるには病気になれとは、昔からの箴言である」

――『**非営利組織の経営**』

25 人として大きくなる

むしろ失敗した人たちのほうがよく働いていた。

「戦時中に連邦政府で成功した民間出身の人たちは、みな貢献することに集中していた。その結果、自らがなすべきこととその優先順位を変えていっていた。むしろ失敗した人たちのほうがよく働いていた。だが、彼らは自らに挑戦しなかった。そのため努力の方向を変える必要に気づかなかった。貢献に焦点を合わせることなくして貢献する術はない」

――『**経営者の条件**』

とるべき行動

いかなる成果をあげるつもりか？

身につけるべき姿勢

あらゆる活動において、貢献することに集中する。

「自己啓発とは、能力を修得するだけでなく、人として大きくなることである。責任を重視することによって、より大きな自分が見えるようになる。うぬぼれやプライドではない。誇りと自信である。一度身につけてしまえば失うことのない何かである。目指すべきは、外なる成長であり、内なる成長である」

――**『非営利組織の経営』**

「自己目標管理は、スローガン、手法、方針に終わってはならない。原則としなければならない。哲学という言葉は安易に使いたくない。大げさである。だが自己目標管理こそ経営の哲学たるべきものである」

――**『マネジメント』**

26 昇進後は変化する

せっかくの昇進をもたらした仕事の仕方が、
新しいポストでは間違った仕事の仕方になっている。

「最もよく見られる人事の失敗は、地位の要求に応えて自ら変化することができないことに原因がある。昇進前と同じ仕方を続けていたのでは、ほとんど失敗する運命にある。
前のポストでは正しかった仕事の仕方をそのまま続けるならば、新しいポストでは、間違った仕事を間違った方法で行うことになる」

——『**経営者の条件**』

とるべき行動

新しいポストが要求しているものを徹底して考える。

身につけるべき姿勢

常に新しいポストが求めるものを考える。

「自己目標管理は、マネジメント全体の方向づけと仕事の一体性のためには不要だとしても、自己管理によるマネジメントのためには不可欠である。自己目標管理の最大の利点は、支配によるマネジメントを自己管理によるマネジメントに代えることにある」

——『**現代の経営**』

「指揮者に勧められて客席から演奏を聴いたクラリネット奏者がいる。そのとき、彼は初めて音楽を聴いた。その後は、上手に吹くことを超えて音楽を創造するようになった。これが成長である。仕事のやり方を変えたのではない。意味を加えたのだった」

——『**非営利組織の経営**』

27 理解される

貢献に責任をもつためには、
自らのアウトプットの有用性に関心をもたなければならない。

「知識はそれだけでは断片にすぎず不毛である。アウトプットが他のアウトプットと統合されて成果となる。知識ある者は理解される責任がある。素人に対して理解するよう要求したり、専門家仲間に通じれば十分であるとすることは野蛮な傲慢さである」

――『**経営者の条件**』

とるべき行動

自らのもつ知識のうち理解されるための努力が必要なものは何か?

身につけるべき姿勢

自らの知識を誰にでもわかるようにしておく。

「成果をあげるには自らの実行計画を理解してもらわなければならない。同時に、自らの情報ニーズを理解してもらわなければならない。自らが必要とする情報を明らかにし、それを求め、それが手に入るまで求め続けなければならない」

——**『経営者の条件』(序章)**

「コミュニケーションとは、私からあなたへ伝達するものではない。われわれのなかの一人から、われわれのなかのもう一人に対して伝達するものである。組織において、コミュニケーションは手段ではない。組織のあり方そのものである」

——**『マネジメント』**

28 よい人間関係をもつ

貢献に焦点を合わせることによって、
よい人間関係に必要な四つの基本能力を身につけることができる。

「対人関係の能力があるから、よい人間関係がもてるわけではない。それは、自らの仕事や他との関係において、貢献に集中して取り組むからである。そうすることによって、コミュニケーション、チームワーク、自己啓発、人材育成という、人間関係に必要な四つの基本能力を身につけることができる」

――『経営者の条件』

とるべき行動

組織が組織の外の世界に対してなすべき貢献は何か？

そのために自らがなすべき貢献は何か？

身につけるべき姿勢

あらゆる活動において貢献を中心として位置づける。

「仕事上の関係において成果がなければ、温かな会話や感情も無意味である。貧しい関係のとりつくろいにすぎない。逆に関係者全員に成果をもたらす関係であれば、失礼な言葉があっても人間関係を壊すことはない」

――『**経営者の条件**』

「顔を上げることによって、ほとんど無意識に、他の人が何を必要とし、何を見、何を理解しているかを知ることができる。さらには上司、部下、同僚に対し、自らが相手に対していかなる貢献をなさなければならないか、いつ、いかにして、いかなる形でなさなければならないかを聞けるようになる」

――『**経営者の条件**』

29 貢献をコミュニケーションのベースとする

コミュニケーションは、
下方への関係において行われるかぎり、事実上不可能である。

「上司が部下に対して何かを言おうと努力するほど、部下が聞き違う危険は大きくなる。部下は、上司が言うことではなく、自分が聞きたいことを聞き取る。
これに対し、仕事において自ら貢献する者は、部下たちが貢献すべきことを要求する。組織、および上司である私は、あなたに対しいかなる貢献を要求すべきか、あなたに期待すべきことは何か、あなたの知識や能力を最もよく活用できる道は何か、を聞く。こうして初めてコミュニケーションが可能となり、容易となる」

——『**経営者の条件**』

とるべき行動

部下にいかなる貢献を求めているか？

そこから、いかなるコミュニケーションを生んでいるか？

身につけるべき姿勢

貢献に対する責任をあらゆるコミュニケーションのベースとする。

「コミュニケーションを成立させるのは受け手である。内容を発する者、つまりコミュニケーターではない。彼は発するだけである。聞く者がいなければ、コミュニケーションは成立しない」

――『マネジメント』

「受け手が期待しているものを知らなくて、コミュニケーションを行うことはできない。期待を知って、初めてその期待を利用することができる。あるいは、受け手の期待を破壊し、予期せぬことが起こりつつあることを強引に認めさせるためのショックの必要を知る」

――『マネジメント』

30 貢献をチームワークのベースとする

なすべき貢献を考えることによって、
横のコミュニケーションが可能となり、チームワークが可能となる。

「自らの生み出すものが全体の成果に結びつくには、誰に利用してもらわなければならないかとの問いが、命令系統の上でも下でもない人たちの大切さを浮き彫りにする。知識を中心とする組織のニーズからして当然のことである。知識組織においては、成果をあげる仕事は、多様な知識と技能をもつ人たちからなるチームによって行われる」

――『経営者の条件』

とるべき行動

貢献本位に仕事をしているか？　そこからいかなるチームワークを生んでいるか？

身につけるべき姿勢

貢献への責任をあらゆるチームワークのベースとしていく。

「トップたる者は、自らの優先順位を部下に知ってもらわなければならない。トップが何を考えているかがわからなくなったとき、組織は転落する。自らが力を入れていることを知ってもらい、部下たちが力を入れていることを知らなければならない」

――「ピーター・ドラッカー、リーダーシップを語る」

「成果をあげる秘訣は、ともに働く人たち、自らの仕事に不可欠な人たちを理解し、その強み、仕事のやり方、価値観を活かすことである。仕事は、仕事の論理だけでなく、ともに働く人たちの仕事ぶりに依存するからである」

――『明日を支配するもの』

31 貢献を自己啓発のベースとする

自らのいかなる強みを仕事に適用するか。
誇れるものを成し遂げる。

「自己啓発は貢献に集中して取り組むかどうかにかかっている。自らの貢献を問うことは、いかなる自己啓発が必要か、いかなる知識とスキルを身につけるか、いかなる強みを仕事に適用するか、いかなる基準をもって自らの基準とするかを考えることにつながる。
人は自らに課す要求に応じて成長する。自らが成果とみなすものに従って成長する。自らに少ししか求めなければ成長しない。多くを求めるならば、何も達成しない者と同じ努力で巨人に成長する」

——『経営者の条件』

とるべき行動

組織全体に貢献をなすには、さらにいかなる知識とスキルを身につけるべきか？

自己啓発プランを作成し実行する。

身につけるべき姿勢

貢献への責任をあらゆる自己啓発のベースとしていく。

「人が働くのは、精神的、心理的に必要だからだけではない。人は何かを、しかもかなり多くの何かを成し遂げることを欲する。自らの得意なことで何かを成し遂げることを欲する。したがって、働く意欲のベースとなるものが能力である」

——『**現代の経営**』

「人は、誇れるものを成し遂げることによって誇りをもつことができる。さもなければ、偽りの誇りであって心を腐らせる。人は何かを成し遂げたとき、自己実現する。仕事が重要なとき、自らを重要と感じる」

——『**現代の経営**』

32

貢献を人材開発のベースとする

常に追求すべきは卓越性である。

「貢献に集中して取り組むならば、部下、同僚、上司に関係なく、他の人の自己啓発を触発することになる。属人的な基準ではなく、仕事のニーズに根ざした基準を設定することになる。すなわち、卓越性の要求である。強い意欲、野心的な目標、大きな影響力のある仕事の追求である」

――『経営者の条件』

とるべき行動

部下に対して組織全体への貢献を要求する。そうすることによって成長の機会と手段を与える。

身につけるべき姿勢

貢献への責任をあらゆる人材開発のベースとしていく。

「多くの領域で卓越することはできない。しかし成功するには、多くの領域で並み以上でなければならない。いくつかの領域で有能でなければならない。一つの領域で卓越しなければならない」

――**『創造する経営者』**

「平凡な仕事に対しては、ほめることはもちろん、許すこともあってはならない。自らの目標を低く設定する者や、仕事ぶりが基準に達しない者をポストにとどめておいてはならない」

――**『現代の経営』**

33 会議の目的を守る

会議の成果をあげるには、
目的を明らかにしなければならない。

「会議は、その目的が違えば、そのための準備も違ってくる。

●公式見解、プレスリリースの作成――事前に草案を用意する。
●組織改革などの発表文の作成――発言は発表文の作成に必要なものに絞る。
●一人による報告――発言はその報告に関するものに絞る。
●数人あるいは全員による報告――発言はそれらの報告に関するものに絞る。要約をあらかじめ配布しておく。一人当たり一五分以内に制限してもよい。
●会議主催者への報告――会議主催者は発言を質問にとどめる。まとめは行ってよいが意見は言わない。

●主催者への面会――この種の会議に生産性はない。これを主催させられることは地位に伴う負担である。もちろん極力減らすべきものである。

会議の生産性をあげるには自制を必要とする。目的を決め、守らなければならない。別の問題を持ち出してはならない。総括して閉会する」

――『**経営者の条件**』（**序章**）

とるべき行動

あらゆる会議について目的を明確にする。

身につけるべき姿勢

会議の目的に応じて準備、進行、フォローアップを行う。

「会議には、成果をあげる会議と成果をあげない会議のどちらかしかないことを知らなければならない」

――『**経営者の条件**』（**序章**）

34 会議を生産的なものにする

そもそも目的は何か。

「成果をあげるには、会議から何を得るべきかを知り、何を目的とすべきかを知らなければならない。なぜこの会議を開くのか、決定するためか、情報を与えるためか、確認するためかを問う必要がある」

——『経営者の条件』

とるべき行動

生産的でない会議をなくす。出席者の多い会議、時間のかかる会議をなくす。

身につけるべき姿勢

会議の結論は必ず実行する。

「会議の司会役を務めつつ重要な発言に耳を傾けることはできる。あるいは、検討に参加して発言することもできる。しかし、この両方を同時に行うことはできない。このことは明白であるにもかかわらず、大体において無視されている」

――『**経営者の条件**』

第4章

強みを生かす

重要なことは成果をあげる能力を磨くことである。強みを中心に人事を行い、その強みの発揮を求める。弱みの上に何かを築くことはできない。人事は強みを発揮させるものでなければならない。重要なことは、強みを発揮させ、弱みを意味のないものにさせることである。

この原則には一つだけ例外がある。真摯さはそれ自体では何も生まない。しかし、それがなければ他のあらゆるものを破壊する。真摯さに関わる欠陥は、人を失格させる唯一の弱みである。

直接的に全体の水準を上げようとするよりも、リーダーたる者の水準を上げたほうがよい。リーダーのレベルが上がれば全体のレベルは上がる。したがって、リーダーは、傑出した仕事をなしうる強みをもつ者でなければならない。そのためには、弱みは意味のないものとして無視しなければならない。

35 強みが機会である

一人ひとりの強みを生かすことは、組織に特有の機能である。

「優れた人事は人の強みを生かす。弱みからは何も生まれない。成果を生むには、利用しうる限りの強み、すなわち同僚の強み、上司の強み、自らの強みを総動員しなければならない。強みこそ機会である。強みを生かすことは組織に特有の機能である。

組織といえども、人それぞれがもつ弱みを克服することはできない。しかし組織は、人の弱みを意味のないものにすることができる。組織の役割は、一人ひとりの強みを共同の事業のための建築用ブロックとして使うところにある」

――『**経営者の条件**』

とるべき行動

上司、同僚、部下それぞれの強みは何か？

身につけるべき姿勢

常に上司、同僚、部下の強みを最大限に発揮させる。

「リンカーン大統領は、最高司令官の人選にあたって、グラント将軍の酒好きを参謀から注意されたとき、『銘柄がわかれば、他の将軍たちにも贈りなさい』と言ったという」

——『**経営者の条件**』

「人のマネジメントとは人の強みを発揮させることである。人は弱い。悲しいほどに弱い。問題を起こす。手続きや雑事を必要とする。人とは費用であり脅威である。しかし、人はこれらのことのゆえに雇われるのではない。人が雇われるのは強みのゆえであり、能力のゆえである。組織の役目は、人の強みを成果に結びつけ、人の弱みを中和することにある」

——『**マネジメント**』

36

強みを確認する

人の強みを最大限に発揮させる。

「強みにかかわる最大の問題は人事である。成果をあげるには、強みを中心に据えて異動を行い、昇進させなければならない。人事において重要なことは、弱みを最小限に抑えることではなく、強みを最大限に発揮させることである。

弱みに配慮して人事を行えば、うまくいったところで平凡な組織に終わる」――『**経営者の条件**』

とるべき行動

次の人事は強みを重視して行う。弱みのなさを重視しては行わない。

身につけるべき姿勢

人事においては強みに注目し、それが必要な強みであることを確認する。

「強みをもつ分野を探し、それを仕事に適用させなければならないことは、人の特性に由来する必然である。全人的な人間や成熟した人間を求める議論には、人がもつ最も特殊な才能、すなわち一つの活動や成果のためにすべてを投入できるという能力に対する妬みの心がある」――『**経営者の条件**』

「自らの成長のために最も優先すべきは、卓越性の追求である。そこから充実と自信が生まれる。能力は仕事の質を変えるだけでなく、人間そのものを変えるがゆえに、重大な意味をもつ」
――『**非営利組織の経営**』

37 山高くして谷深し

弱みに気をとられない。

「大きな強みをもつ者は、ほとんど常に大きな弱みをもつ。しかも、山が高ければ谷は深い。あらゆる分野で強みをもつ者はいない。

できることではなく、できないことに気をとられ、弱みを避けようとする者は弱い人である。おそらくは強い人に脅威を感じるのであろう。しかし部下が強みをもち成果をあげることによって苦労させられた者など一人もいない。鉄鋼王アンドリュー・カーネギーが自らの墓碑に刻ませた『おのれよりも優れた者に働いてもらう方法を知る男、ここに眠る』との言葉ほど大きな自慢はない。これほど成果をあげるための優れた処方はない」

——『**経営者の条件**』

とるべき行動

弱みは制約にすぎないと見てきたか、それとも絶対の条件として見てきたか?

身につけるべき姿勢

人事では弱みに気をとられない。

「人との接し方は、人からなる組織の潤滑油である。複数の物体が接していれば、摩擦を生じるのは自然の法則である。人も同じである。お願いしますやありがとうの言葉を口にすること、名前や誕生日を覚えていること、家族のことを聞くなどの簡単なことによって、好き嫌いに関係なく一緒に仕事を進められるようになる。

頭のよい人たち、とくに若い人たちの多くはこのことを知らない。もし素晴らしい仕事が、人の協力を必要とする段階でいつも失敗するようであるならば、人との接し方に欠けるものがあるにちがいない」

——『P・F・ドラッカー経営論』

38 卓越性を求める

一つの重要な分野において何ができるか。

「人に成果をあげさせるには、自分とうまくやっていけるかを考えてはならない。いかなる貢献をなしうるかを問わなければならない。何ができないかを考えてはならない。何を非常によくなしうるかを考えなければならない。一つの重要な分野において卓越性を求めなければならない。

人の卓越性は、一つの分野、あるいはわずかの分野において実現されるのみである」

――『経営者の条件』

とるべき行動

強みを中心に人事をしてきたか?　自分との相性を中心に人事をしてきたか?

身につけるべき姿勢

人の卓越性に注目する。次にそれが必要な強みかを見る。

「優れた者ほど間違いは多い。それだけ新しいことを試みるからである。一度も間違いをしたことのない者、それも大きな間違いをしたことのない者にトップレベルの地位を任せてはならない。間違いをしたことのない者は凡庸である。いかにして間違いを発見し、いかにしてそれを早く直すかを知らない」

——**『現代の経営』**

39 仕事を大きくする

強みによる人事を行うには、仕事を大きくしなければならない。
強みを引き出せる挑戦的な仕事にしておかなければならない。

「実際に仕事につくのは生身の人である。そして最も単純な仕事さえ、要求するものは必ず変化していく。しかも突然変化していく。そのため仕事と人の完全な適合は急速に不適合へと変わる。
仕事を大きく、かつ多くを要求するものとして設計した場合においてのみ、変化した状況の新しい要求に応えていくことができる」

——『経営者の条件』

とるべき行動

強みを発揮した者には、さらに多くを求める。

身につけるべき姿勢

仕事は常に大きく設計する。

「強みを生かす者は、仕事と自己実現を両立させる。自らの知識が組織の機会となるように働く。貢献に集中して取り組むことによって、自らの価値を組織の成果に変える」

――『経営者の条件』

「あらゆる組織が、わが社の宝は社員であるという。しかし、そのことを行動に示している組織はほとんどない。本気でそう考えている組織はさらにない。ほとんどの組織が、無意識にではあろうが、一九世紀の雇用主のように、組織が社員を必要としている以上に、社員が組織を必要としていると思い込んでいる。

しかし事実上、すでに組織は、製品やサービスと同じように、あるいはそれ以上に、組織への勧誘についてマーケティングを行わなければならなくなっている。組織は人を惹きつけ、引き止められなければならない。彼らを認め、報い、動機づけを行わなければならない。彼らに仕え、満足させなければならない」

――『未来への決断』

40 弱みを意味なくする

ありがたいことに、
組織では弱みを意味のないものにすることができる。

「弱みを仕事や成果とは関係のない個人的な欠点にしてしまう組織をつくらなければならない。強みだけを意味あるものとするよう組織を構築しなければならない。個人営業の税理士は、いかに有能であっても対人関係の能力がなければ重大な障害となる。だが組織にいるならば、机をもち、外と接触しないですむ。

人は組織のおかげで、強みだけを生かし弱みを意味のないものにすることができる」

――**『経営者の条件』**

とるべき行動

自らの弱みは何か？
その弱みを意味のないものにするために、いかなる手立てを講じるか？

身につけるべき姿勢

自らの強みは何か？　常に強みの上に築いていく。

「誰もが自らの強みはよく知っていると思っている。しかし、たいていは間違いである。知っているのはせいぜいが弱みについてである」

――『**明日を支配するもの**』

「仕事上の役割として、意思決定者と補佐役のどちらのほうが成果をあげるかという問題がある。補佐役として最高でありながら、意思決定の重荷に耐えられない人は大勢いる」

――『**明日を支配するもの**』

41 多様性を追求する

組織は異なる見解をもつ能力を必要とする。

「組織は公平と公正を必要とする。さもなくば、優れた者は去り、あるいは意欲を失う。加えて、組織は多様性を必要とする。さもなくば、変革の能力を欠き、正しい決定を行ううえで必要となる異なる見解をもつ能力を失う。

異なる見解は、三つの理由から必要である。第一に、組織の囚人になることを防ぐからである。第二に、選択肢を与えるからである。第三に、想像力を刺激するからである」

――『経営者の条件』

とるべき行動

人材の多様性を追求するための具体的な方策をとる。

身につけるべき姿勢

人事において多様性を追求し、高年者、女性の活躍をはかる。

「組織において多様性を確保するには、諸々の関係を、人ではなく仕事を中心にして構築しなければならない」

――『**経営者の条件**』

「一流のチームをつくる者は直接の同僚や部下とは親しくしない。好き嫌いではなく何をできるかで人を選ぶということは、調和ではなく成果を求めるということである。そのため彼らは、仕事上近い人間とは距離を置く」

――『**経営者の条件**』

42 人事の手順を守る

人事に全力を尽くさなければ、
組織そのものへの敬意を損なう。

「人事に関する手順は多くはない。しかも簡単である。
1 仕事の内容を考える。
2 候補者を複数用意する。
3 実績から強みを知る。
4 一緒に働いた者に聞く。
5 仕事を理解させる」

――『マネジメント・フロンティア』

とるべき行動

次の人事では人事の手順を踏む。いままで守っていなかったのはどの手順か？

身につけるべき姿勢

人事は必ず強みを中心に行う。

「人をマネジメントすることは、仕事をマーケティングすることである。マーケティングの出発点は、こちらが何を望むかではない。相手が何を望むか、相手にとっての価値、目的、成果は何かである」

――『**明日を支配するもの**』

「追従や立ち回りのうまい者が昇進するのであれば、組織そのものが業績のあがらない追従の世界となる。人事に全力を尽くさないトップは、業績を損なうリスクを冒すだけでなく、組織そのものへの敬意を損なう」

――『**マネジメント・フロンティア**』

43 仕事を考える

職務規程は変わらなくとも、
仕事は変わっていく。

「昇進や異動の決定においてなすべき最初の手順は、与えるべき仕事の内容を徹底的に分析することである。ジョージ・マーシャルは、第二次大戦中、師団長の任命にあたってはその師団長が一年半から二年の間になすべき仕事について必ず検討したという。異なる種類の仕事は異なる種類の人材を必要とする」

――『マネジメント・フロンティア』

とるべき行動

職務規程と仕事を明確に分ける。次の人事は仕事を中心に行う。

身につけるべき姿勢

人事にあたっては、まず仕事を明らかにする。

「職務規程は通常、長期にわたって存続する。ある大メーカーでは、事業部制に移行して以来三〇年にわたって、事業部長の職務規程をほとんど変えていない。カトリックの司教の職務は、一三世紀のカノン法の制定以来まったく変わっていない。しかし、なすべき仕事は常に思いもかけない形に変わっている」

――『**マネジメント・フロンティア**』

44 候補者は複数用意する

経験や資格は条件にすぎない。
必要条件ではあっても十分条件ではない。

「仕事の内容を徹底的に検討したあとは、何人もの有資格者を候補として検討しなければならない。肝心なことは何人ものである。
人事において大事なことは適材適所である。したがって、適切な人事を行うには三人から五人の候補者を検討しなければならない」

――『マネジメント・フロンティア』

とるべき行動

次の人事では、必ず複数の候補者を用意する。

身につけるべき姿勢

常に適材適所を考える。

「業績をあげるには優れた能力が必要である。しかし、まず仕事を問題にしなければならない。その後、その仕事について強みをもつ者を探し、卓越性を求めて人事を行わなければならない。

——『**経営者の条件**』

45 実績から知る

できないことには意味がない。
実績からできることを知り、それが求められている強みかを見る。

「仕事の内容を検討すれば、新たに任命される者が何をなすべきか、何を最優先させ、何に全精力を注がせるべきかが明らかになってくる。したがって問題は、候補者が何をでき、何をできないかではない。もっている強みは何か、その強みは仕事に合っているかである」

――『マネジメント・フロンティア』

とるべき行動

必要な強みがないからではなく、
何か弱みがあるために候補者を失格にしたことはないか？

身につけるべき姿勢

人事は常に実証ずみの強みにもとづいて行う。

「何かを成し遂げられるのは強みによってである。弱みによって何かをなすことはできない」

――『**明日を支配するもの**』

「真に厳しい上司、すなわち一流の人をつくる上司は、部下がよくできるはずのことから考え、次にその部下が本当にそれを行うことを要求する」

――『**経営者の条件**』

46 一緒に働いた者に聞く

候補者の上司や同僚だった者からは多くを知ることができる。

「人を評価するにあたって、一人の判断だけでは無意味である。人は客観的とはなりえない。いかなる人間も、第一印象や偏見や好悪の感情をもつ。したがって、候補者と一緒に働いたことのある何人かの人たちがどう見ているかを聞く必要がある。軍の将軍やカトリックの司教選びでは、これが公式に義務づけられている」

——『マネジメント・フロンティア』

とるべき行動

人事では多くの人の意見を聞く。

身につけるべき姿勢

候補者を多面的に理解する。

「ドイツ銀行の頭取であったヘルマン・アプスは、トップレベルの人選に秀でていた。戦後ドイツ経済の奇跡の担い手となった人たちの多くは、彼の人選によるものだった。その彼が、候補者一人ひとりについて、必ず候補者の同僚や上司、三、四人の考えを聞いたという」

――『**マネジメント・フロンティア**』

47 仕事を理解させる

仕事の内容を理解させていないのであれば、人事の失敗を本人のせいにしてはならない。行うべきことを行わなかった自分が悪い。

「新しいポストにつけた者をよびつけて、何が求められていると思うかを聞かなければならない。就任三か月後には、それを書き出させなければならない。新しいポストの要求するものを考えさせないことが、昇進人事の最大の失敗の原因である」

――『マネジメント・フロンティア』

とるべき行動
これまでに行った人事では、新しいポストが求めるものについて本人の考えを聞いたか？

身につけるべき姿勢
部下に仕事の内容を理解させることを自らの責任とする。

「人間誰しも、新しい大きなポストについたのは、何かよいことをしたからだ、だからこの昇進をもたらしてくれたことをもっと一所懸命にやらねばと思う」
——『**マネジメント・フロンティア**』

「新しい仕事が新しいやり方を要求するというのは、ほとんどの人にとって自明の理ではない。私はこのことに自ら気がついたという人を知らない」
——『**マネジメント・フロンティア**』

48 人事のルールを守る

人事には五つのルールがある。

「1　人事の失敗に責任を負う。
2　成果をあげられない者は再度動かす。
3　成果をあげられなくとも辞めさせない。
4　常に正しい人事を行うよう努める。
5　スカウトしてきた者には、仕事の内容が明らかなものを与える」

――eラーニング教材『人事の意思決定』

とるべき行動

この前の人事では人事のルールを守ったか？　ルール違反はなかったか？

身につけるべき姿勢

あらゆる人事において人事のルールに従う。

「急成長中の企業でさえ、昇進を続けられる者は一部である。したがって、昇進を強調しすぎると、五人のうち三人から四人は不満をもち、士気を失う。
昇進を強調しすぎないようにする方法の一つは、卓越した成果をあげた者に対して、昇進によって得られる報酬の増加分相当額を昇給させることである」

――『**現代の経営**』

49 責任をとる

人事の失敗の責任は、人事を行った者にある。

「われわれは、ある人間がある環境に適しているかどうかをテストする方法を知らない。予測する方法などなおのこと知らない。後知恵で知りうるのみである。しかし、人事をされた者が成果をあげられなかったならば、人事を行った自分が間違ったのである」

——『マネジメント・フロンティア』

とるべき行動

人事の失敗を当の本人の責任にしたことはないか？

身につけるべき姿勢

人事は人事を行う者の責任として行う。

「人事についての決定は、経営者がどの程度有能か、いかなる価値観をもっているか、どれだけ真摯かを明らかにする。人事はどのように隠そうとしても知られる。それは際立って明らかである」

――『マネジメント・フロンティア』

50 再度動かす

兵士には優れた指揮官をもつ権利がある。

「成果をあげられない者は容赦なく異動させなければならない。さもなくば、ほかの者を腐らせる。組織全体に対して不公正である。そのような上司の無能によって成果と認知の機会を奪われる部下に対して不公正である。

何よりも本人にとって意味なく残酷である。実は、本人が不適格であることを知っている。仕事に不適格な者は、必ずやストレスによって追いつめられ、本人自身が脱出をひそかに願っているものである」

――『経営者の条件』

とるべき行動

成果をあげられない者は、成果をあげられるポストへ異動させる。

身につけるべき姿勢

組織に働く者全員が成果をあげられるようにする。

「間違った人事によって異動させた者をそのままにしておくことは温情ではない。意地悪である。辞めさせる理由はない。一流の技術者、一流の分析専門家、一流の販売部長は常に必要である。妥当な解決案は、前のポスト、あるいはそれに相当するポストに戻すことである」

――**『マネジメント・フロンティア』**

51 人事では完璧を期す

組織の成果は人の能力によって決まる。

「人事は、究極にしておそらくは唯一の管理手段である。組織の成果を決めるのは人である。組織は自らの人材を超えて仕事をすることはできない。しかも他の組織よりも優れた人材を採用し、とどまってもらうことは容易ではない。

それは、誰を採用し、誰を解雇し、誰を異動させ、誰を昇進させるかという人事によって決まる」

——『**非営利組織の経営**』

とるべき行動

最高水準の仕事を目指して人事を行う。

身につけるべき姿勢

人事によって組織の力を上げる。

「人事の質によって、組織が真剣にマネジメントされるか否かが決まる。掲げるミッション、価値、目的が、口先ではなく、本物で意味のあるものであるか否かを決める」

――『**非営利組織の経営**』

「平均的な人材しか採用できず、とどまってもらえないことを覚悟しておいたほうがよい。すでにいる人材からより多くを引き出すことに全力を尽くすべきである。手持ちの人材からどれだけ引き出せるかによって、組織の成果は決まる。それは人事によって決まる」

――『**非営利組織の経営**』

52 何度でもチャンスを与える

人事の失敗は異動させられた者の責任ではない。

「人事がうまくいかなかったからといって、異動させられた者が無能だということにはならない。その人事を行った者が間違ったにすぎない。仕事をこなせない者をそのままにしておいてはならない。動かしてやることが組織と人に対する責任である」

——『経営者の条件』（序章）

とるべき行動

人事異動がうまくいかなかったときには、強みを発揮させるべく再異動を行う。

身につけるべき姿勢

強みを発揮していない者がいれば、人事が失敗だったのではないかと疑う。

「新しい仕事でうまくいかなかった者は、前職に匹敵する地位と報酬に戻すことを慣行化すべきである。これを行っている組織は稀である。そのため、失敗した者のほとんどが辞めていく。しかし、そのような慣行があるならば、リスクのあるポストへの異動に意欲が生まれることになる。組織の仕事ぶりを左右するものは、働く者の側におけるそのような意欲である」――『**経営者の条件**』（**序章**）

「仕事を自然の摂理や神の定めによるものであるかのようにとらえてはならない。人の手によるものである。不可能な仕事、人にできない仕事をつくってはならない。そのような仕事は多い。組織図の上では理屈が通っている。しかし誰にもこなせない。仕事ができるとされている者が次々に失敗する。半年から一年すると必ず挫折する。

そのような仕事は、通常、例外的な人のためにつくられ、個人的な特性に合わせてつくられている。普通の人が稀にしかもち合わせていない二つ以上の気質が要求されている。人は知識や技能は身につけることができる。だが気質を変えることはできない。したがって、特殊な組み合わせの気質を要求する仕事は、不可能な仕事、人を殺す仕事となる」――『**経営者の条件**』

53 新参者には明確な仕事を与える

外から採った人に、
新しい大きな仕事を任せてはならない。
危険が大きい。

「地位の高い新参者には、まず何が期待されているかが明らかな仕事、少なくともそれを明らかにすることのできる仕事、しかも新しい不慣れな環境で問題に直面したとき手を貸せるような、確立された既知の仕事を割り当てるべきである」

――『マネジメント・フロンティア』

とるべき行動

新参者には新しい大きな仕事は任せない。

身につけるべき姿勢

新しい大きな仕事は、仕事のやり方や癖が明らかであり、かつ組織内で信頼されている者に任せる。

「新しいもののために新しく人を雇うことは危険である。すでに確立され順調に運営されている活動を拡張するには、新しく人を雇い入れることができる。だが新しいものは、実績のある人、ベテランによって始めなければならない。新しい仕事というものは、どこかで誰かがすでに行っていることであってもすべて賭けである」

——『**経営者の条件**』

「組織をコントロールするうえで正しい人事に勝るものはない。人事は組織のなかの人間に対し、トップがどの程度有能であるかも、その価値観がいかなるものであるかも、自らの仕事に真剣に取り組んでいるかも明らかにしてしまう」

——『**マネジメント・フロンティア**』

54 強みを評価する

よくやった仕事は何か。

「1　よくやった仕事は何か。
2　よくできそうな仕事は何か。
3　さらに何を学ばせ、何を身につけさせなければならないか。
4　彼あるいは彼女の下で自分の子供を働かせたいと思うか。そうであるならば、なぜか。そうでないならば、なぜか」

――『経営者の条件』

とるべき行動

人事考課は強みを中心に行う。

身につけるべき姿勢

人の評価では必ず真摯さを見る。

「仕事のために人を組織するということは、一人ひとりの人間をその最も適した仕事に配置することを意味する。これまで企業は、人の採用に多大の時間と金をかけてきた。しかしながら、採用の仕事は消極的な活動にすぎない。それは仕事に向かなさそうな者を排除するだけである。しかし企業は、合格点以上の仕事ぶりを必要とする。人の行いうる最高の仕事ぶりを必要とする。他方、働く人の側も、自分が現在行える能力以上の仕事を必要とする。自らの能力や才能を最大限に発揮する場、成長の機会と最高の仕事ぶりを与えてくれる仕事を必要とする」

──**『現代の経営』**

「われわれが行うことのできるのは現実の評価だけである。評価すべきものも現実の成果だけである。これが仕事を大きくかつ挑戦的なものにすべき理由である」

──**『経営者の条件』**

55 真摯さを最重視する

真摯さを欠く上司は部下を破壊する。

「仕事ができる野心的な若者は力強い上司を真似たがる。したがって、力強くはあっても真摯さを欠く上司ほど部下を間違って導く者はいない。そのような者は、一人でやる仕事では成果をあげるかもしれない。他の者に影響を与えないポストに置くならば、害は少ない。しかし影響力のあるポストに置くならば破壊的となる。これは、人の弱みがそれ自体重要かつ大きな意味をもつ唯一の領域である」

――『経営者の条件』

とるべき行動

あなたの組織では真摯さを重視しているか？　この問題に関してとるべき行動はあるか？

身につけるべき姿勢

何ごとにおいても真摯さを重視する。

「真摯さは、それ自体では何事もなしえない。しかしそれがなければ、ほかのあらゆるものが台無しになる。真摯さの欠如は、仕事上の能力や強みへの制約となるだけでなく、人そのものを失格させる」

――『**経営者の条件**』（**序章**）

「人間性と真摯さは、それ自体では何事もなしえない。しかしそれらの欠如はほかのあらゆるものを破壊する」

――『**経営者の条件**』

56 上司をマネジメントする

上司をマネジメントするにはいくつかのポイントがある。上司リストを作成する。本人に注文を聞く。強みを生かす。報告方法を考える。不意打ちに遭わせない。上司が代わったら、コミュニケーションの仕方を変える。

「誰にでも上司がいる。最近の組織では二人いる。たとえば、所属部門の管理職とプロジェクトチームのリーダーである」

——eラーニング教材『上司をマネジメントする』

とるべき行動

自らのキャリアにとって、上司はいかなる役割を果たしてきたか？

身につけるべき姿勢

上司に成果をあげさせることを最優先する。

「あらゆる組織において、上司にどう対処するかで悩まない者はいない。実のところ、答えは簡単である。成果をあげる者ならばみな知っていることである。上司の強みを生かすことである。しかも上司の強みを生かすことは、部下自身が成果をあげる鍵でもある」

――『**経営者の条件**』

「上司をマネジメントすることは、上司との間に信頼関係を築くことである。そのためには、上司の側が、部下が彼の強みに合わせて仕事を行い、彼の弱みと限界に対して防御策を講じてくれているものと信じられなければならない」

――『**未来企業**』

57 上司リストをつくる

上司が一年以上一人も変わらないことは稀である。

「上司をマネジメントするためにまず行うべきことは、上司リストの作成である。ここにおいて上司とは、報告を受ける者、指示を出す者、評価する者、成果をあげるうえで必要となる者である。このリストを、ポストが変わる都度、あるいは年に一度見直さなければならない。上司が一年以上一人も変わらないことはありえないと心得るべきである」

――eラーニング教材『上司をマネジメントする』

とるべき行動

職務上、あなた自身、あなたの仕事、仕事ぶり、能力を知っているはずとされている者のリストをつくる。

身につけるべき姿勢

上司に成果をあげさせることを旨とする。

「上司をマネジメントすることが重要であることを認識している者があまりに少ない。困ったことには、上司をマネジメントできることを知っている者もあまりいない。上司についてこぼしはしても、彼らをマネジメントしようと試みる者はさらにいない。しかし、上司のマネジメントはかなり容易である。部下のマネジメントよりもはるかに容易である」

――『**未来企業**』

58 上司本人に聞く

何が役に立つかは上司本人に聞く。

「上司が成果をあげるうえで、何が役に立ち、何が邪魔になるかを上司本人に聞かなければならない。私が行っていることや私の部門が行っていることのうち役に立っていることは何か、役に立っていないこと、邪魔になっていることは何かを聞かなければならない」

——eラーニング教材『上司をマネジメントする』

とるべき行動

自らが行っていることのうち、

上司の役に立っていること、邪魔になっていることのリストをつくる。

身につけるべき姿勢

上司の役に立っているか、邪魔になっているかのいずれであるかを認識する。

「よくある間違いは、誰もが同じように考え、同じように行動しているものと思い込むことである。大事なことは二つある。一つは、自らのなすべきことを明らかにすることである。もう一つは、他の人がなすべきことをなすために必要なことを考えることである。そのうえで、上司、同僚、部下に対し、こうしてもらえれば助かると言い、私が役に立っていることは何かと聞いて回ることである。これで八割方はうまくいく。ただしメモで聞いてはならない。直接会って聞かなければならない」

――『**非営利組織の経営**』

59 上司に成果をあげさせる

自らが成果をあげるには、
上司に成果をあげさせなければならない。

「上司に成果をあげさせなければならない。そのコツは上司本人の強みによって成果をあげさせることである。強みが重要なのであって、弱みは気にしなくてよい。上司が本当に成果をあげるのは何か。実績をあげたのは何か。強みを発揮させるには、さらに何を知らせなければならないか。私は何をしてやらなければならないか」

——eラーニング教材『上司をマネジメントする』

とるべき行動

上司が好む報告は書面と口頭のいずれか？　上司は朝型か昼型か？

身につけるべき姿勢

上司の働き方を変えようとしてはならない。

「重要なことは、可能なかぎり上司を効果的に働かせ成果をあげさせることが、部下たる自らの義務であり利益であることを認識することである。結局のところ、昇進していく上司の部下になることが、成果をあげるためのベストの方法である」

――『**未来企業**』

「現実は企業ドラマとは違う。部下が無能な上司を倒し、乗り越えて地位を得るなどということは起こらない。上司が昇進できなければ、部下はその上司の後ろで立ち往生するだけである」

――『**経営者の条件**』

60 上司の強みを生かす

上司の強みを生かすことは、
自ら成果をあげるうえでのコツである。

「人の強みを生かし弱みを意味のないものにしなければならない。このことは部下と同様、上司についてもいえる。上司も人である。強みをもつ。その上司の強みを生かすことが、結局は自らが成果をあげるうえでのコツである」

――eラーニング教材『上司をマネジメントする』

「上司は何がよくできるか、何をよくやったか、強みを生かすためには何を知らなければならないか、部下の自分から何を得なければならないかを考える必要がある。上司が得意でないことをあまり心配してはならない」

――『経営者の条件』

とるべき行動

上司の強みと弱みは何か？　上司の成功のためにしてやれることはないか？

身につけるべき姿勢

上司の強みをフルに発揮させる。

「なすべきことは、上司を改造したり再教育したりして、彼らをビジネススクールや経営書がかくあるべしとするモデルに合わせさせることではない。あるがままの上司が、個性ある人間として存分に仕事ができるようにすることである」

――『**未来企業**』

61 報告の仕方を考える

上司は読み手か、それとも聞き手か。

「上司への報告を怠ってはならない。しかし、ほとんどの人が読み手か聞き手である。読み手に口頭で報告しても無駄である。読んだあとでなければ理解しない。聞き手に分厚い報告書を提出しても無駄である。話し言葉でなければ理解しない」

――eラーニング教材『上司をマネジメントする』

とるべき行動

上司が読み手か聞き手かを知るには、いかなる報告をすべきか本人に聞けばよい。

身につけるべき姿勢

何でも本人に聞く。

「この上司のところへは、月に一度顔を出し、部門の状況、計画、問題について三〇分ばかり報告すべきか。それとも、何か変化があるとき、あるいは何か新しい行動をとるときだけ出向くべきか。この上司へは書面による報告がよいか。きれいに綴じ込んで、図表をつけ、目次までつけたものを届けるべきか。それとも口頭がよいか。つまるところ、この上司は読む人か聞く人か。上司はお守りとして、あらゆる数字を盛り込んだ三〇ページの報告書を要求しているのか。それは数字かグラフか。あるいは、この上司は、朝出勤してきたときに情報が用意されていることを要求しているのか、それとも、現場の人の多くがそうであるように、週の終わりに、たとえば金曜の午後三時半頃に情報が手元にあることを要求しているのか」

——『**未来企業**』

62 不意打ちに遭わせない

不意打ちは恥である。

「上司を不意打ちから守らなければならない。ビジネスの世界に、うれしい不意打ちはない。責任のあることについて不意打ちされることは、恥をかかされ傷つけられることである。上司を不意打ちから守ることは部下たる者の仕事である。さもなければ、部下を信頼しなくなる。当然である」

――eラーニング教材『上司をマネジメントする』

とるべき行動

不意打ちに遭うことのないよう、上司のそれぞれはいかなる警告を求めているか?

身につけるべき姿勢

警告は求められているかたちで発する。

「不意打ちの可能性をどのように警告すべきかについては、上司によって要求が異なる。アイゼンハワーのように、予期しているものと違う結果になるかもしれないという警告だけで十分な人たちがいる。これに対しケネディのように、不意打ちの可能性がごくわずかである場合に詳細かつ完全な報告を要求する人たちがいる」

――『**未来企業**』

63 コミュニケーションの仕方を変える

上司が代われば、報告の仕方を変える。

「上司が代わっても同じ報告の仕方を続ける者がいる。結果は悲惨である。何か隠していると思われる。あるいは単なる馬鹿と思われる。確かにその通りである。上司が代わればコミュニケーションの仕方を変え、報告の仕方を変えなければならない。どう変えるべきかは、行って聞くしかない」

――eラーニング教材『上司をマネジメントする』

とるべき行動

上司によって報告の仕方を変える。

身につけるべき姿勢

どのように報告すべきかを上司本人に聞く。

「上司を軽視してはならない。上司は物事が見えないように見えるかもしれない。愚かに見えるかもしれない。しかし、それでも上司を高く評価しておくに越したことはない。最悪でも、ご機嫌をとっていると思われる程度ですむ。

だが上司を軽視するならば、上司はそれを見抜く。あるいは、あなたが上司の頭や知識を問題にしたように、今度は上司があなたの頭や知識を問題とし、無知で愚鈍で想像力に欠けると見るようになる」

——『**未来企業**』

64 自らをマネジメントする

主体性と責任が、
これほど求められるようになるとは
誰も思わなかった。

「働く者が自分の組織よりも長生きするようになった。三〇年以上繁栄する企業は少ないというのに、そこに働く者の労働寿命が五〇年に及ぶようになった。人類史上初めてのこととして、組織よりも人のほうが長生きするようになった。

その結果、人は自らの一生をマネジメントしなければならなくなった。一人ひとりの人間に、これほどまでの主体性と責任が求められるようになるとは誰も思わなかった」

――eラーニング教材『自らをマネジメントする』

とるべき行動

人材としての自らを自らマネジメントする。
そのために自らの強みを知り、その強みを伸ばす。

身につけるべき姿勢

自らをマネジメントする責任を果たす。

「われわれは前例のない機会に満ちた時代を生きている。志と頭があれば、いつどこからスタートしても最高の地位にまで上り詰めることができる。

だが、機会には責任がともなう。組織はキャリア形成から手を引いた。働く者自身が自らを自らマネジメントしなければならなくなった。五〇年に及ぶこととなった仕事の人生において、得るべきところを知り、針路を変えるべきときを知って、いきいきと働き続けることが自らの責任となった。

そのためには、自らの強みと弱み、得意とする学び方、人との働き方、価値ありとするもの、そして自らが最大の貢献をなしうる所を知らなければならない」

——『ハーバード・ビジネス・レビュー』再掲論文「自らをマネジメントする」

65 自らのマネジメントにおいて手順を踏む

自らをマネジメントするには、そのための手順がある。

「1　自らの強みを明らかにする。
2　自らの仕事の仕方を明らかにする。
3　自らが価値ありとするものを明らかにする。
4　仕事上の人との関係に責任をもつ。
5　第二の人生の可能性を増大させる」

――eラーニング教材『自らをマネジメントする』

とるべき行動

自らのマネジメントにおいて手順を踏む。

身につけるべき姿勢

自らの強み、仕事の仕方、価値ありとするものを明らかにする。

「自らの強み、仕事の仕方、価値ありとするものがわかっていれば、機会を与えられたとき、職を提供されたとき、仕事を任されたとき、私がやりましょう、私のやり方はこうです、仕事はこういうものにすべきです、他の組織や人との関係はこうなります、この期間内にこれこれのことをやります、と言えるようになる」

――『**明日を支配するもの**』

「最高のキャリアは、計画して手にできるものではない。自らの強み、仕事の仕方、価値ありとするものを知り、機会をつかめるよう用意した者だけが手にする。なぜならば、自らの得るべき所を知ることによって、たんなる働き者が卓越した仕事を行うようになるからである」

――『**明日を支配するもの**』

66 自らの強みを知る

成果をあげる者は自分自身であろうとする。

「成果をあげる者は自分自身であろうとする。他の誰かであろうとはしない。自らの仕事ぶりと成果を見て、自らのパターンを知ろうとする。他の者には難しいが自分には簡単にやれることは何かを考える。自らが得意であると知っていることを、自らが得意とする仕方で行うことによって成果をあげる」

――『経営者の条件』

とるべき行動

いま抱えている仕事について期待するものをメモし、九か月後に実際の成果と照合することによって自らの強みを知る。

身につけるべき姿勢

常に自らの強みを生かすべく心がける。

「第一になすべきことは、自らの強みを明らかにし、その明らかになった強みに集中することである。成果を生み出すものに、その強みを集中させることである。

第二になすべきことは、その強みをさらに伸ばすことである。

第三になすべきことは、無知の元凶ともいうべき自らの知的な傲慢を知り、それを正すことである」

――『Ｐ・Ｆ・ドラッカー経営論』

67 自らの仕事の仕方を知る

性癖のなかには世界観や自己認識など、本質的なことを反映しているものがある。

「どのような方法が最も成果をあげられるかを知ることは、さほど難しいことではない。成人する頃には、誰でも朝と夜のどちらが仕事をしやすいかを知っている。チームの一員としてか一人でか、どちらのほうがよい仕事ができるかを知っている。

ある人は読む人であり、ある人は聞く人である」

――『経営者の条件』

とるべき行動

自らの得意とする仕事の仕方を早く知る。

身につけるべき姿勢

得意とする仕事の仕方を探し続ける。

「仕事上の個性は、仕事につくはるか前に形成されている。仕事の仕方は、強みや弱みと同じように与件である。修正はできても変更はできない。少なくとも簡単にはできない。そして、ちょうど強みを発揮できる仕事で成果があげられるように、人は得意な仕方で仕事の成果をあげる」

――『**明日を支配するもの**』

68 貢献の仕方を知る

成果をあげるには、
自らを含めあらゆる者の強みを機会の源泉としなければならない。
成果を生むのは強みだけである。

「ほかの人には厄介な報告書の取りまとめが簡単にできてしまう人がいる。ところが、その報告書をもとに意思決定を行うことは苦手であって、うまくいかないという人がいる。ということは、意思決定者としてではなく、問題を整理するスタッフとして成果をあげる人であるということになる」

――『経営者の条件』

とるべき行動

自らの強み、仕事の仕方、価値ありとするものを知る。

人に聞くことによって、それらのことを知る。

身につけるべき姿勢

常に強みを使って貢献することを考える。とくに自らの強みに合った機会を大事にする。

「並以下の能力を向上させるために無駄な時間を使ってはならない。強みに集中して取り組むべきである。無能を並の水準にするには、一流を超一流にするよりもはるかに多くのエネルギーを必要とする。しかるに、あまりに多くの人たち、組織、そして学校の先生たちが、無能を並にすることに懸命になっている。資源にしても時間にしても、有能な者をスターにするために使わなければならない」

——『P・F・ドラッカー経営論』

69 人間関係に責任をもつ

組織は信頼の上に築かれ、
信頼は相互理解とコミュニケーションの上に築かれる。
組織にとって、仕事上の人間関係は際だって重要な意味をもつ。

「対人関係の能力があるからといって、よい人間関係がもてるわけではない。貢献に集中して取り組むことによってこそ、よい人間関係がもてる。人間関係が生産的となる。生産的であることが、よい人間関係の唯一の定義である。
仕事上の関係において成果がなければ、温かな会話や感情も無意味である。貧しい関係のとりつくろいにすぎない」

――『経営者の条件』

とるべき行動

貢献を考えて計画し行動する。

身につけるべき姿勢

生産的な人間関係をつくりあげる。

「成果をあげる秘訣の第一は、一緒に働く人たち、自らの仕事に不可欠な人たちを理解し、その強み、仕事の仕方、価値ありとするものを生かすことである。仕事は仕事の論理だけでなく、一緒に働く人たちの仕事ぶりに依存する。秘訣の第二は、コミュニケーションに責任をもつことである。摩擦のほとんどは、相手の仕事、その仕事の仕方、目標、価値観を知らないことに原因がある。そしてその原因は、互いに聞きもせず、知らされてもいないことにある」

——『**P・F・ドラッカー経営論**』

「トップたる者は、最終責任が自らにあることを知らなければならない。最終責任は、誰とも分担できず、誰にも委譲できない。トップが権威をもちうるのは、自らのニーズと機会ではなく、組織のニーズと機会を考えるからである」

——『**経営者の条件**』

70 第二の人生を準備する

問題は飽きである。

「歴史上初めて、人が組織よりも長生きするようになった。そこでまったく新しい問題が生まれた。第二の人生をどうするかである。ほとんどの人にとって、同じ種類の仕事を四〇年も五〇年も続けるのは長すぎる。飽きてくる。面白くなくなる。惰性になる。耐えられなくなる」

——『明日を支配するもの』

とるべき行動

第二の人生のための準備を今日から始める。

身につけるべき姿勢

日常のこととして、第二の人生（セカンド・キャリア）、あるいはもう一つの人生（パラレル・キャリア）を意識し、目標を定め、計画する。

「順調にやってきた四五歳あるいは五〇歳といえば、心身ともに働き盛りである。その彼らが仕事に飽きたということは、他への貢献、自らの成長のいずれにおいても、第一の人生では行き着くところまで行ったということであり、そのことを知ったということである。

趣味や教養では生き返れない。プロの味を知っているからには、アマの時間つぶしでは飽きたらない。趣味に時間を使ってもよい。とはいえ、金はもっていても趣味を生活の中心にもってくることはできない。その気はない。仕事以外のものに生きるには、かつての貴族のように子供の頃から慣れていなければならない。

必要なものは貢献である。子供は成人しローンは終わった。二〇年以上もやってきたことに飽き、知り尽くした仕事に関心を失った者が、何か新しいことで貢献したがっている」――『**断絶の時代**』

第5章

最も重要なことに集中する

成果をあげる秘訣は集中である。したがって、何が最も重要であるかを決めなければならない。時間の不足という現実に対処する方法はこれしかない。成果をあげるには、重要なことを一つひとつ片づけていくしかない。

優先順位を決めそれに従うには、役に立たなくなったものを捨てなければならない。そのためには劣後順位を決めなければならない。

状況の変化に応じ、優先順位と劣後順位を変えていく。状況に流されて優先順位を決めるならば、重大な機会は失われ、本来なされるべき仕事は一向になされないことになる。

71 集中する

集中が必要なのは、
なされるべきことがあまりに多いからである。

「成果をあげるための秘訣を一つ挙げるならば、それは集中である。成果をあげる者は最も重要なことから始め、しかも一度に一つのことしか行わない。

自らの強みを生かそうとすれば、その強みを重要な機会に集中する必要を痛感する。事実、それ以外に成果をあげる方法はない。これこそ困難な仕事をいくつも行う者の秘訣である。彼らは一度に一つの仕事をする。その結果、ほかの者よりも少ない時間ですむ。成果をあげられない者のほうがはるかに働いている」

――『経営者の条件』

とるべき行動

仕事は一つのことに集中して行っているか？　いまそれは何か？

身につけるべき姿勢

常に最も重要なことを最初に行う癖をつける。

「GEのジャック・ウェルチは、GEにとっての優先課題を決めたあと、自らが得意とするものはそのうちのどれかを考えた。そしてその課題に集中した。残ったものはトップマネジメントの他のメンバーに任せた。成果をあげるには、自らが得意とするものに集中しなければならない。トップマネジメントが成果をあげれば組織が成果をあげ、トップマネジメントが成果をあげられなければ組織も成果をあげられないからである」

——**『経営者の条件』（序章）**

「ナポレオンは、計画どおりに事が運んで戦いに勝つことなどありえないと言った。その彼が、あらゆる戦いにおいて、歴史上例のない緻密さで実行計画をつくっていた。実行計画がなければ、すべてが成り行き任せになる。途中で実行計画をチェックすることがなければ、成り行きのなかで意味のあるものとないものを見分けることすらできない」

——**『経営者の条件』（序章）**

72 捨てる

あらゆる製品、サービス、プロセス、市場、流通チャネル、顧客、最終用途について、定期的に存続の価値を判定しなければならない。

「集中における第一の原則は、生産的でなくなった過去のものを捨てることである。そのためには自らの仕事と部下の仕事を定期的に見直し、まだ行っていなかったとして、いまこれに手をつけるかを問うことである。答えが無条件のイエスでないかぎり、やめるか大幅に縮小すべきである。もはや生産的でなくなった過去のもののために資源を投じてはならない。第一級の資源、とくに人材という稀少な資源を昨日の活動から引き揚げ、明日の機会に充てなければならない」

――『**経営者の条件**』

とるべき行動

いま行っているものは、新たに始めるべきものばかりか？

身につけるべき姿勢

常時廃棄を検討する。

「リーダーにとって重要なことは、どこで止めるかである。とくに問題となるのが、あと一押しでうまく行くと言われているものである。そこでもう一押しする。さらにもう一押しする。だがその頃には、いくら押しても無駄なことがわかっていなければならない」

——**「ピーター・ドラッカー、リーダーシップを語る」**

「体系的かつ意識的に廃棄を行わない限り、組織は次から次へと仕事に追われる。行っていてはならないことや、もはや行うべきでないことに最高の資源を浪費することになる」——**『未来への決断』**

73 チェンジリーダーとなる

あらゆるものに、
廃棄すべき状況が少なくとも三つある。

「チェンジリーダーたるためには、すでに行っていることを体系的に廃棄しなければならない。第一に、製品、サービス、プロセス、市場の寿命がまだ数年はあると言われている状況では廃棄が正しい行動である。第二に、償却ずみを理由として維持されている状況では廃棄が正しい行動である。第三に、これから成功させるべき製品、サービス、市場を邪魔するようになった状況では廃棄が正しい行動である」

——『明日を支配するもの』

とるべき行動

陳腐化しつつあるもの、価値を生み出さなくなったもの、明日を邪魔するようになったものを見つける。

身につけるべき姿勢

あらゆるものについて廃棄のための実行計画を作成する。

「イノベーションはもちろん、新しいものはすべて予期せぬ困難にぶつかる。そのとき実証ずみの能力のある人材のリーダーシップを必要とする。優れた人材が昨日に縛りつけられていたのでは、彼らを活躍させることはできない」

――『**明日を支配するもの**』

「行っていることや行い方の廃棄は、体系的な作業として行う必要がある。さもなければ、結局は先送りすることになる。これらが、人気のある楽しいことであろうはずがないからである」

――『**明日を支配するもの**』

74 廃棄会議を開く

あらゆることについて次々に廃棄を検討する。

「世界的に活動しているあるサービス代行会社は、世界中で、毎月第一月曜の午前、トップから現場管理者にいたるあらゆるレベルで、同じテーマについて会議を開いている。あらゆることについて廃棄を検討する会議である。ある月曜には事業全般について、ある月曜には個々の事業について、ある月曜には事業の進め方について、というように活動を精査している。

こうして一年間に、人事を含むあらゆる活動を点検している。事業そのものの可否について三つ、四つ大きな決定を行い、事業の進め方についてほぼその倍の決定を行う。さらには新しい事業について三つから五つ決定を行う。そして、すでに行っていることやその方法の廃棄、あるいは何か新しいことの開始についての決定は、その都度全社に周知させている。さらに半年に一度、それらの会議の結果もたらされたもの、とった行動、その結果をまとめて周知させている」

――『**明日を支配するもの**』

とるべき行動

早速廃棄のための会議を設定する。

身につけるべき姿勢

廃棄を常識化する。

「廃棄とは、あらゆる種類の組織が自らの健康を維持するために行っていることである。いかなる有機体であっても老廃物を排泄しないものはない。さもなければ自家中毒を起こす。既存のものの廃棄は、企業がイノベーションを行うようになるうえで絶対必要なことである。

翌朝自分が絞首刑に処されるという知らせほど人の心を集中させるものはないとは、かのサミュエル・ジョンソン博士の言葉である。同様に、製品やサービスが近いうちに廃棄されることを知ることほど関係者の心をイノベーションに集中させるものはない」

――『**明日を支配するもの**』

75 捨ててから始める

これはいまも価値があるかを問う。

「自らが成果をあげ、組織が成果をあげることを望む者はあらゆる活動を常時点検する。これはいまも価値があるかを問う。答えがノーであるならば、真に意味のある活動に集中するために、それらのものを捨てる」

――『経営者の条件』

とるべき行動

いま捨てるべきものは何か？

身につけるべき姿勢

新しいことを始めるときは、必ず何かを捨てる。

「看護師の仕事は患者の世話である。しかしあらゆる調査が示しているように、彼らは患者の世話に関係のない書類仕事に時間の四分の三をとられている。デパートの店員の仕事の分析でも、時間の半分以上が客の満足という本来の仕事とは関係のない仕事にとられている。少なくとも半分は、客ではなくコンピュータに仕えるための書類仕事にとられている。技術者の仕事の分析でも、時間の半分は、本来の仕事に関係のない会議への出席や報告書の推敲にとられている。

それらの雑用は、本来の仕事の生産性を破壊するだけでなく、仕事への動機づけと誇りを台無しにする」

――『ポスト資本主義社会』

「この仕事は、本来の仕事に必要か、本来の仕事に役立つか、本来の仕事をやりやすくするかを常に問う必要がある。答えがノーならば、そのような手続きや活動は、仕事ではなく雑事にすぎない」

――『ポスト資本主義社会』

76 優先順位を決める

不足しているのは時間と有能な人材である。

「明日のための生産的な仕事は、それらに使える時間の量を上回って存在する。加えて明日のための機会は、それらに取り組める有能な人材の数を上回って存在する。もちろん問題や混乱は十分すぎるほど多い。したがって、どの仕事が重要であり、どの仕事が重要でないかの決定が必要である」

――『経営者の条件』

とるべき行動

いま最も重要な仕事は何か？　その仕事に集中する。

身につけるべき姿勢

常に優先順位を考える。

「優先順位を決めることによって、よき意図が成果をあげる目標へ、洞察が行動へと具体化する。優先順位の決定はマネジメントの視点と真摯さを物語る。優先順位が基本的な戦略と行動を規定する」

――**『創造する経営者』**

「何がなされるべきかについては、三つ以上のことを考えてはならない。三つのことを同時にできる者はいない。できるのは同時に一つか二つである。一つよりも二つのほうがよいかもしれない。単調にならずにすむ。その二つを片づけたら、次の二つを考える。前回第三位の候補だったものを自動的に繰り上げてはならない。そのときには、もう古くなっている」

――**「ピーター・ドラッカー、リーダーシップを語る」**

77 状況に流されない

どこか秘密の場所が必要である。
そこで、何がなされるべきかを一人で考える。

「状況に流されて優先順位を決めると、トップの仕事はまったくなされなくなる。トップの仕事とは、昨日に由来する危機を解決することではなく、今日と違う明日をつくり出すことであり、それゆえ後回しにしようと思えばできる仕事だからである。状況の圧力は、常に昨日を優先する。
状況の圧力に支配されるトップは、トップ以外の誰にもできないもう一つの仕事、すなわち組織の外部に注意を払うという仕事をないがしろにしてしまう。その結果、唯一の現実であり、唯一の成果の場である外部の世界の感触を失うことになる。なぜならば、状況の圧力は常に内部を優先するからである」

——『経営者の条件』

とるべき行動

明日をつくり出すための活動を明確にする。

身につけるべき姿勢

常に昨日よりも明日を優先する。

「成し遂げたいことをメモしておく。九か月後、実際の結果と照合する。こうして自らの強みと弱みが明らかになる。取り組むことが妥当だったかどうかも明らかになる。実行は得意だが、往々にして間違った問題に取り組む人が大勢いる。そのような人は、たいしたことのない仕事を立派に成し遂げたりしている。そうして細かなことに実績をあげている」

——**『ピーター・ドラッカー、リーダーシップを語る』**

「組織のトップとは組織の囚人である。出社すれば大勢の人がやって来て、何かを求める。ドアを閉めても無駄である。押し入ってくる。そのときは外へ出ることである。どこか秘密の場所が必要である。そこで一人で考えなければならない。何がなされるべきかを考える」

——**『ピーター・ドラッカー、リーダーシップを語る』**

78

劣後順位を決める

意思決定に必要なものは勇気である。

「集中できる者があまりに少ないのは、劣後順位の決定、すなわち取り組むべきでない仕事の決定と、その決定の遵守が至難だからである。延期が断念を意味することは誰もが知っており、延期した計画を後日取り上げることほど好ましからざるものはないからである。後日取り上げても、もはやタイミングは狂っている。タイミングはあらゆるものの成功にとって最も重要な要因である」

――『経営者の条件』

とるべき行動

いま劣後順位一位は何か？

身につけるべき姿勢

常に劣後順位を考える。

「誰でも優先順位を決めるのはそれほど難しくない。難しいのは劣後順位の決定、なすべきでないことの決定である。延期は放棄を意味する。一度延期したものを復活させることは失敗である。このことが劣後順位の決定をためらわせる」

――**『創造する経営者』**

「リーダーには九八四種類もの仕事がやってくる。したがって、ノーと言うことができなければならない。あまりに多くのリーダーが、二五種類もの仕事を少しずつ行おうとして何も仕上げられないでいる。リーダーとしての人気はあるかもしれない。しかし何も仕上げられない」

――**「ピーター・ドラッカー、リーダーシップを語る」**

79 機会を中心に置く

目線を高くして、
変革をもたらすものを選ぶ。

「優先順位の決定には、いくつかの重要な原則がある。第一に、過去ではなく未来を選ぶ。第二に、問題ではなく機会に焦点を合わせる。第三に、横並びではなく独自性をもつ。第四に、無難で容易なものではなく変革をもたらすものを選ぶ。挑戦の大きなものではなく容易に成功しそうなものを選ぶようでは、大きな成果はあげられない。膨大な注釈の集まりは生み出すだろうが、自らの名を冠した物理の法則や新たなコンセプトは生み出せない」

――『経営者の条件』

とるべき行動

問題ではなく機会を選ぶ。いまそれは何か？

身につけるべき姿勢

優先順位は四つの原則に従って決定することをルール化する。

「成果をあげる者は、機会を中心に優先順位を決め、他の要因は決定要因ではなく制約要因にすぎないとする」

――『**経営者の条件**』

「問題ではなく、機会に集中して取り組むことが必要である。問題を放っておけというわけではない。しかし問題の処理は、いかにそれが重大なものであっても、成果をもたらすことはない。損害を防ぐだけである。成果は機会から生まれる」

――『**経営者の条件**』

第6章

意思決定を的確に行う

意思決定とは一連のステップからなるプロセスである。

まず行うべきことは、基本的な解決をもたらすべき一般的な問題か、特別な解決を必要とする例外的な問題かの判別である。例外的な問題に見えても、すでにどこかで起こったことのある一般的な問題であることが多い。

次のステップは問題の全容の理解であり、満たすべき必要条件の明確化である。しかる後に、それらの必要条件を満たす解決案を得ることである。

ここでようやく、誰が何を行い、結果について誰が責任をもつかの決定がくる。そして最後のステップが、意思決定の結果の検証である。

関係する者全員から広く意見を求めることが必要である。出された意見に対しては根拠の提示を求めなければならない。的確な意思決定には多様な見解が不可欠である。

80 意思決定を行う

今日では、意思決定を行う能力は、知識労働者にとって成果をあげる能力そのものである。

「今日意思決定は、少数のトップにある者だけが行うべきものではない。組織に働くほとんどあらゆる者が何らかの方法で自ら意思決定を行い、あるいは少なくとも意思決定のプロセスにおいて積極的な役割を果たさなければならなくなっている。かつてはトップマネジメントというきわめて小さな機関に特有の機能だったものが、今日の社会的機関すなわち大規模な知識組織においては、急速に、あらゆる人の、あらゆる組織単位の、日常とまではいかなくとも通常の仕事となりつつある。今日では、意思決定を行う能力は、知識労働者にとって、まさに成果をあげる能力そのものである」

——『経営者の条件』

とるべき行動

いま組織として意思決定を求められている問題は何か?

身につけるべき姿勢

まず初めに意思決定が必要かを考える。

「意思決定は時間の無駄に終わることもあれば、逆に時間を有効に使うための最善の手段となることもある。意思決定のプロセスにおいては、まず問題を理解するために時間を使う必要がある。次に問題の分析と解決案の作成のために時間を使う必要がある。しかし解決案の選定には、あまり時間を割く必要はない。

決定した解決案の売り込みに使う時間は、そもそもあってはならない。それは意思決定の早い段階で時間をうまく利用してこなかったことを示すにすぎない」

——『現代の経営』

「意思決定において決定的に重要なことは、各部門や各階層においてなされる意思決定が、互いに矛盾しないようにすることである。事業全体の目標と調和するものにすることである」

——『現代の経営』

81 意思決定は必要かを考える

何も決定しないという代替案が常に存在する。

「意思決定とは外科手術である。システムに対する干渉であり、ショックのリスクをともなう。優れた外科医が必要のない手術を行わないように、不要な決定を行ってはならない。

優れた決定を行う者も、優れた外科医と同じように多様である。大胆な者もいれば保守的な者もいる。しかし、必要のない決定を行わないという点では一致している。何もしないと事態が悪化するのであれば、行動しなければならない。同じことは、機会についてもいえる。急いで何かをしないと機会が消滅するのであれば、思い切って行動しなければならない」

――『経営者の条件』

とるべき行動

必要なときに必要な意思決定を行ってきたか？

身につけるべき姿勢

必要のない意思決定は行わない。行うべき意思決定は断固として行う。

「成果をあげるには、意思決定の数を多くしてはならない。重要な意思決定に集中しなければならない。個々の問題ではなく根本的なことを考えなければならない。問題の根本をよく理解して決定しなければならない。不変のものを見なければならない。したがって、決定の早さを重視してはならない。あまりに多くを操ることは、かえって思考の不十分さを表す。何についての決定であり何を満足させるかを知る必要がある。形にこだわることなく、インパクトを求めなければならない。賢くあろうとせず、健全であろうとしなければならない」

――『**経営者の条件**』

82 プロセスを踏む

意思決定には従うべきプロセスがある。

「意思決定は、いくつかの明確な要素と手順から構成される体系的なプロセスとして行わなければならない。しかしそのプロセスは、経営書の多くが教えているものとは大きく異なる。

意思決定においては、まず初めに、一般的な問題か例外的な問題かを問わなければならない。続いて、その意思決定が満たすべき必要条件を明確にしなければならない。意思決定においては何が正しいかを考えなければならない。そして意思決定を行動に変え、フィードバックを行わなければならない」

――『経営者の条件』

とるべき行動

現在取り組んでいる問題は、いまどのようなプロセスにあるか？

身につけるべき姿勢

意思決定においては常にプロセスを意識する。

「意思決定についての議論のかなりの部分が、問題の解決すなわち答えを出すことに集中している。間違った焦点の合わせ方である。まったくのところ、最もよく見られる誤りは、正しい問いを発することではなく、正しい答えを得ることに焦点を合わせることによってもたらされている。

問題の解決だけを重視してよい意思決定は、さして重要ではない日常の戦術的な意思決定である」

——**『現代の経営』**

83 問題の種類を判別する

問題が一般的か特殊かを判別する。

「意思決定においては、一般的な問題か例外的な問題か、何度も起こることか個別に対処すべき特殊なことかを問わなければならない。一般的な問題は原則と手順を通じて解決しなければならない。これに対し例外的な問題は、状況に従い個別の問題として解決しなければならない。

真に例外的な問題を除き、あらゆる問題が基本の理解にもとづく解決策を必要とする。原則、方針、基本による解決を必要とする。一度正しい基本を得るならば、同じ状況から発する問題はすべて実務的に処理できる。問題の具体的な状況に応じて原則を適用できる。もちろん真に例外的な問題は個別に処理しなければならない。例外的な問題のために原則をつくることはできない」

――『経営者の条件』

とるべき行動

いま直面している問題は一般的な問題か例外的な問題か？　それはなぜか？

身につけるべき姿勢

意思決定に際しては必ず、一般的な問題か例外的な問題かを考える。

「厳密にいえば、あらゆる問題が二つではなく四つの種類に分類できる。第一に、一般的な問題の症状にすぎない問題がある。第二に、当事者にとっては例外的だが実際には一般的な問題がある。第三に、真に例外的で特殊な問題がある。第四に、何か新しい種類の一般的な問題の最初の症状としての問題がある」

——『**経営者の条件**』

84 問題の本質を知る

本当は何の問題か。

「仕事のうえであれ何であれ、直ちに意思決定を行える問題などほとんどない。一見して重要な要因が、本当に重要であったり、そもそも関係があったりすることは稀である。それらはせいぜい症状にすぎない。しかも、最も目立つ症状が問題の鍵であることさえ稀である。

個性の対立と見えたことであっても、問題の根は組織構造の間違いにあることがある。生産コストの問題に見えたためにコスト削減キャンペーンを行ったところ、根はエンジニアリング上の設計ミスや販売計画の間違いにあったことがわかる。組織構造の問題に見えて、本当の問題は目標の欠落にあったりする」

――『現代の経営』

とるべき行動

いま抱えている問題は、本当は何の問題か？

身につけるべき姿勢

常に問題の理解に努める。

「不十分な理解は、間違った理解よりも危険たりうる」

——『**経営者の条件**』

「意思決定における最初の仕事は、問題を見つけて明らかにすることである。この段階では、いくら時間をかけてもかけすぎることはない」

——『**現代の経営**』

85 必要条件を明らかにする

必要条件を満たさない解決策は意味をなさない。

「決定が満たすべき必要条件を明確にしなければならない。意思決定においては、決定の目的は何か、達成すべき目標は何か、満足させるべき必要条件は何かを明らかにしなければならない。決定が成果をあげるには、必要条件を満足させなければならない。すなわち目的を達しなければならない。

必要条件を簡潔かつ明確にするほど決定による成果はあがり、達成しようとするものを達成する可能性が高まる。逆に、いかに優れた決定に見えようとも、必要条件の理解に不備があれば成果をあげられないことは確実である」

――『経営者の条件』

とるべき行動

最近行った意思決定では、満たすべき必要条件は何だったか？　それは満たしたか？

身につけるべき姿勢

意思決定では満たすべき必要条件を必ず明らかにする。

「意思決定において満たすべき必要条件を理解しておくことは、最も危険な決定、すなわち、都合の悪いことが起こらなければうまくいくという種類の決定を識別するうえでも必要である。

その種の決定はもっともらしく見える。しかし必要条件を仔細に検討すれば、矛盾が出てくる。そのような決定が成功する可能性は、皆無ではないがきわめて小さい。奇跡の困った点は、稀にしか起こらないことにあるのではない。当てにできないことにある」

――『**経営者の条件**』

86 正しい解決策を求める

何が正しいかを考える。

「意思決定においては何が正しいかを考えなければならない。やがては妥協が必要になるからこそ、誰が正しいか、何が受け入れられやすいかという観点からスタートしてはならない。満たすべき必要条件を満足させるうえで何が正しいかを知らなければ、正しい妥協と間違った妥協を見分けることはできない。その結果、間違った妥協をしてしまう」

――『経営者の条件』

とるべき行動

いま直面している問題において正しい解決策は何か？　妥協は必要か？

身につけるべき姿勢

意思決定ではとにかく正しい解決策を求める。妥協するかどうかはその後のことである。

「第一に身につけるべき習慣は、なされるべきことを考えることである。何をなしたいかではないことに留意していただきたい。なされるべきことを考えることが成功の秘訣である。これを考えることなくしては、いかに有能であっても成果をあげることはできない」

――『**経営者の条件**』**（序章）**

「成果をあげるために身につけるべき第二の習慣、第一のものに劣らず大切な習慣は、組織全体にとってよいことは何かを考えることである。組織全体にとってよいことでないかぎり、いかなるステークホルダー（関係当事者）にとってもよいこととはなりえない」

――『**経営者の条件**』**（序章）**

87 妥協からスタートしない

半切れのパンでも、ないよりはまし。

「妥協には二つの種類がある。一つは古いことわざの『半切れのパンでも、ないよりはまし』であり、もう一つはソロモン王の裁きの『半分の赤ん坊は、いないより悪い』である。前者は必要条件を半分は満たす。パンの目的は食用であり、半切れのパンは食用となる。しかし半分の赤ん坊は必要条件を満たさない。半分の赤ん坊は命あるものとしての赤ん坊の半分ではなく、二つに分けられた赤ん坊の死骸である」

──『経営者の条件』

とるべき行動

いま直面している問題では何が正しい妥協か？

身につけるべき姿勢

妥協を迫られても問題解決のための必要条件は守り抜く。

「そもそも何が受け入れられやすいか、何が反対を招くから言うべきでないかを心配することは無用であって、時間の無駄である。心配したことは起こらず、予想しなかった困難や反対が、突然、ほとんど対処のしがたい障害となって現れる。

換言するならば、何が受け入れられやすいかからスタートしても得るところはない。それどころか、通常この問いに答えるプロセスでは、大切なことを犠牲にし、正しい答えはもちろん、成果に結びつく可能性のある答えを得る望みさえ失う」

――**『経営者の条件』**

88 行動を組み込む

誰かの仕事になるまでは、
せっかくの意思決定も意図にすぎない。

「意思決定を行動に変えなければならない。決定において最も困難な部分が必要条件を検討する段階であるのに対し、最も時間のかかる部分は、成果をあげるべく決定を行動に移す段階である。決定を行動に移すことを最初の段階から組み込んでおかなければ、成果はあがらない。

事実、決定の実行が具体的な手順として誰か特定の者の仕事と責任になるまでは、いかなる決定もなされていないに等しい。それまでは意図があるにすぎない」

――『経営者の条件』

とるべき行動

行動への取り組みを省いたために、実行されなかった意思決定はないか？

身につけるべき姿勢

意思決定にあたっては、常に実行を考える。

「意思決定が意思決定として成立するには、四つのことを決めなければならない。
1　実行の責任者
2　日程
3　影響を受けるがゆえに決定の内容を知らされ、理解し、納得すべき人
4　影響を受けなくとも決定の内容を知らされるべき人
組織でなされた意思決定の多くが、これらのことを決めていなかったために失敗している」

――**『経営者の条件』（序章）**

「決定の実効を妨げるおそれのある者全員を決定前の論議に責任をもって参加させなければならない。これは民主主義ではない。セールスマンシップである」

――**『マネジメント』**

89

結果を検証していく

自ら現場に出かけなければならない。

「意思決定のベースとなった仮定を継続的に検証していくには、決定そのもののなかにフィードバックを講じておかなければならない。最善の決定であっても、間違っているおそれがある。大きな成果をあげた決定も、やがては陳腐化する。

われわれは、フィードバックのための報告と数字を必要とする。しかし、現実に直接触れることを中心にしてフィードバックを行っていかないかぎり、すなわち自ら出かけて行って確かめないかぎり、不毛の独断から逃れることはできない。成果をあげることもできない」

――『経営者の条件』

とるべき行動

決定の結果を現場で確かめる。

身につけるべき姿勢

常に現場からのフィードバックを講ずる。

「意思決定はすべて、それを行うときと同じ慎重さをもって、定期的に見直さなければならない。そうすることによって、間違った決定も害をなす前に修正できる」

――『**経営者の条件**』(**序章**)

「自ら出かけ確かめることは、決定の前提となっていたものが有効か、それとも陳腐化しており決定そのものを再検討する必要があるかどうかを知るための、唯一ではなくとも、最善の方法である。われわれは意思決定の前提というものが、遅かれ早かれ必ず陳腐化することを知らなければならない。現実は長い間変化しないでいられるものではない」

――『**経営者の条件**』

90 意見からスタートする

意思決定は、共通の理解、対立する意見、競合する選択肢をめぐる検討から生まれる。

「意思決定とは判断である。いくつかの選択肢からの選択である。しかし、正しいものと間違ったものからの選択であることは稀である。せいぜいのところ、かなり正しいものと、おそらく間違っているであろうものからの選択である。はるかに多いのは、一方が他方よりもたぶん正しいだろうとさえ言えない二つの選択肢からの選択である。

成果をあげる者は事実からはスタートできないことを知っている。誰もが意見からスタートする。しかし意見は、未検証の仮説にすぎず、したがって検証されなければならない。

正しい意思決定は、共通の理解、対立する意見、競合する選択肢をめぐる検討から生まれる。最初に事実を把握することはできない。有意性の基準がなければ、事実というものはありえない。事象そのものは事実ではない」

——『経営者の条件』

とるべき行動

次の意思決定では、意識して事実収集ではなく意見収集からスタートする。

身につけるべき姿勢

そもそも意思決定そのものが判断たらざるをえないことを認識して行う。

「人は意見からスタートせざるをえない。最初から事実を探すことは好ましいことではない。すでに決めている結論を裏づける事実を探すだけになる。見つけたい事実を探せない者はいない」

——『経営者の条件』

91 意見を求める

意見を求め、事実を求める。

「意見を検証する唯一の方法は、まず初めに意見があること、またそうでなければならないことを明確に認識することである。こうした認識があって初めて、意思決定においても科学においても、唯一の起点として仮説からスタートしていることを忘れずにすむ。われわれは仮説をどう扱うかを知っている。論ずべきものではなく、検証すべきものである。

こうしてわれわれは、いずれが検討に値し、いずれが排除されるかを知る。したがって、まず初めに、意見をもつことを奨励しなければならない」

――『経営者の条件』

とるべき行動
仮説としての意見を求める。

身につけるべき姿勢
意見を歓迎する風土を醸成する。

「GMのスローンは、最高レベルの会議において、この決定に関しては意見が完全に一致していると了解してよろしいかと聞き、出席者全員がうなずいたとき、それでは、この問題について異なる見解を引き出し、この決定がいかなる意味をもつかについてもっと理解するための時間が必要と思われるので、さらに検討することにしたいと言った」
——『**経営者の条件**』

「意見の不一致は三つの理由から必要である。第一に組織の囚人になることを防ぐため、第二に選択肢を得るため、第三に想像力を刺激するためである」
——『**経営者の条件**』

92 事実を探す

この仮説を検証するには何を知らなければならないか。
この意見が正しいとするならば、事実はどうでなければならないか。

「事実による検証を求めなければならない。仮説の有効性を検証するには何を知らなければならないか、意見が有効であるには事実はどうあるべきかを問う必要がある。

同時に、探すべきもの、調べるべきもの、検証すべきものを明らかにする習慣を身につけなければならない。そして意見を表明する者に対しては、いかなる事実を探すべきかを明らかにする責任を負うよう求めなければならない」

――『**経営者の条件**』

とるべき行動

仮説としての意見からスタートして意思決定にいたった経験はあるか？

身につけるべき姿勢

初めに意見であることを確認してから検討に入る。

「明らかに間違った結論に達している人は、自分とは違う事実を見、違う問題に気づいているにちがいないと考えるべきである。もしその意見が知的かつ合理的であるならば、いかなる事実を見ているのかを考えなければならない」

——『経営者の条件』

「成果をあげる人は、何よりもまず問題の理解に関心をもつ。誰が正しく、誰が間違っているかなどは問題としない」

——『経営者の条件』

93 意見の不一致を生み出す

行うべき意思決定は、
満場一致で決められるものではない。

「選択肢すべてについて検討を加えなければ、視野は閉ざされたままとなる。意見の不一致を生みだす必要があるのはそのためである。行うべき意思決定は満場一致で決められるものではない。相反する意見の衝突、異なる視点との対話、異なる判断の間の選択があって、初めてうまくいく。

一つの行動だけが正しく、他の行動はすべて間違っているという仮定からスタートしてはならない。自分は正しく、彼は間違っているという仮定からスタートしてもならない。ただし、意見の不一致の原因は必ず突き止めなければならない」

——『**経営者の条件**』

とるべき行動

意見の不一致を歓迎したことはあるか?

身につけるべき姿勢

意見の不一致を歓迎する風土を醸成する。

「意見の対立を促すのには理由がある。不完全であったり、間違ったりしている意見にだまされることを防ぐためである。検討の対象とすべき代案を手にするためである。さらには、行った意思決定が実行の段階で間違っていたり、不完全であったりすることが明らかになったとき、途方に暮れなくともすむためである。そして創造力を刺激するためである」

――『**マネジメント**』

「アリストテレスに発し、初期キリスト教会の原則とまでなった言葉がある。本質における一致、行動における自由、あらゆることにおける信頼である。信頼が生まれるには、あらゆる反対意見が公にされ、真摯な不同意として受けとめられなければならない」

――『**非営利組織の経営**』

94

間《あいだ》をとろうとしない

意思決定は、行うか行わないかである。

「正しい決定のための原則はない。だが指針とすべき考えは明確である。個々の具体的な状況において、行動すべきか否かの決定が困難なケースはほとんどない。得るものが犠牲やリスクを大幅に上回るならば行動しなければならない。行動するかしないか、いずれかにしなければならない。二股をかけたり、間《あいだ》をとろうとしたりしてはならない。

手術はするかしないかである。同じように、決定も行うか行わないかである。半分の行動はない。半分の行動こそ常に誤りであり、必要最低限の条件、すなわち必要条件を満足しえない行動である」

――『経営者の条件』

とるべき行動

二股をかけたり、間をとったりしたことはないか？

身につけるべき姿勢

常に行動するかしないかである。再調査で逃げてはならない。

「複数の解決案から最善のものを選択するには、四つの基準がある。第一にリスクである。解決案から得られるものと冒さなければならないリスクを比較する。第二に経済性である。解決案のうち、最小の労力で最大の成果をもたらすもの、混乱を最小にとどめつつ必要な変革をもたらすものは何か。第三にタイミングである。緊急を要するのであれば、何か重大事が起こっていることを組織中に知らせる解決策が必要である。第四に人的な制約である。制約条件として考慮に入れるべき最も重要な資源が、意思決定の結果を実行すべき人たちである」

――『**現代の経営**』

結論

成果をあげる能力は修得しなければならない

成果をあげることは、個人の自己啓発のために、組織の発展のために、そして現代社会の維持発展のために死活的に重要な意味をもつ。

プロフェッショナルとしての成果をあげる能力によってのみ、現代社会は二つのニーズ、すなわち個人からの貢献を得るという組織のニーズと、自らの目的の達成のための道具として組織を使うという個人のニーズを満たすことができる。したがって、まさにプロフェッショナルは、成果をあげる能力を修得しなければならない。

95 社会を生産的にする

そんなことはない。神々が見ている。

「一人ひとりの自己啓発は、組織の発展にとって重要な意味をもつ。それは組織が成果をあげるための道である。成果を目指して働くとき、人は組織全体の成果水準を高める。自らと他の人たちの成果水準を高める。こうして一人ひとりの成果をあげる能力は、現代社会を経済的に生産的なものにし、社会的に発展しうるものにする」

――『**経営者の条件**』

とるべき行動

本書によって何を得たか？　今後いかなる能力を身につけるつもりか？

身につけるべき姿勢

成果をあげる能力を着実に身につけていく。

「私が一三歳のとき、宗教の先生がきみたちは何によって憶えられたいかねと聞いた。誰も答えられなかった。先生は笑いながらこう言った。いま答えられるとは思わない。でも五〇歳になっても答えられないと問題だよ。人生を無駄に過ごしたことになるからね。

今日でも私は、何によって憶えられたいかを自らに問い続けている。これは自らの成長を促す問いである。なぜならば、自らを異なる人物、そうなりうる人物として見るよう仕向けてくれるからである」

——『**非営利組織の経営**』

「紀元前四四〇年頃、ギリシャの彫刻家フェイディアスはアテネのパンテオンの庇《ひさし》に建つ彫像群を完成させた。それらは今日でも西洋最高の彫刻とされている。だが彫像の完成後、フェイディアスの請求に対しアテネの会計官は支払いを拒んだ。彫像の背中は見えない。誰にも見えない部分まで彫って、請求してくるとは何ごとか。それに対して、フェイディアスは答えた。そんなことはない。神々が見ている」

——『**プロフェッショナルの条件**』

訳者あとがき

本書は、ピーター・F・ドラッカーの遺作 *The Effective Executive in Action: A Journal for Getting the Right Things Done*, 2006(「成果をあげるエグゼクティブの行動――必要なことを行うための行動日誌」)の翻訳であって、クレアモント大学院大学における同僚ジョゼフ・マチャレロ教授の編集、コメント執筆によるものである。ドラッカー教授とマチャレロ教授の共著になるベストセラー、『ドラッカー365の金言』と同じ分担である。

その狙いとするところは、仕事で成果をあげる能力を身につけることにある。ドラッカーとは読者それぞれのドラッカーであって人によって得るものが大きく異なることを承知しているドラッカー通にとってさえ、本書の詳細な具体性には驚かれるはずである。いわば本書は、広大なるドラッカー大陸のなかでも最も現場に近いところに位置づけられるものである。

現代社会最高の哲人、マネジメントの父と呼ばれる人が、時間管理や集中の重要性を説くことまではわかるとしても、人事の注意事項や上司のマネジメントの仕方まで詳しく教えてくれるとは、と驚かれると思う。しかし、ここにこそドラッカーのドラッカーたる所以がある。

なぜそこまで教えようとするのかと聞くならば、「あなたがどう上司を使いこなすかが、文明の担い手としてのあなたの組織の仕事ぶりを変えるからだ」と答えるにちがいない。加えて、「それらのことは、やがて誰でも経験的にわかるようになると思う。しかしそれでは遅すぎる」と言うにちがいない。

ドラッカーにとって、組織とは社会のための道具であるとともに一人ひとりの人間のための道具である。とするならば、組織のマネジメントに役に立つものはどんどん使いなさいということになる。

引用の出典は『現代の経営』『経営者の条件』（序章はドラッカー名著集に収載）『断絶の時代』『マネジメント』『マネジメント・フロンティア』『明日を支配するもの』『プロフェッショナルの条件』など自己啓発に関するドラッカーの著作の数々である。他では、『ハーバード・ビジネス・レビュー』掲載の「自らをマネジメントする」("Managing Oneself," Jan., 2005)、eラーニング教材の『上司をマネジメントする』、リッチ・カールガードのインタビュー「ピーター・ドラッカー、リーダーシップを語る」("Peter Drucker on Leadership," Forbes.com, Nov.19, 2004) などである。この日本版では、共著者マチャレロ教授とも相談のうえ、ドラッカー以外の著作からの引用はすべて削除し、ドラッカーの著作からの引用を追加充実させた。

したがって本書は、ドラッカーの名言が懐かしく、しかも、そこに読者各位の覚え書きを加えて三者の共著にすることができるという書である。もちろん一気に読破すべきものではない。じっくり読んで思いを巡らせていただきたい。

「はじめに」と「本書の使い方」にもあるように、必ずご自分でお考えになり、「とるべき行動」と

「身につけるべき姿勢」を書きとめ、後日たとえば九か月後に目を通していただきたい。なぜか理由はわからないが、このようなときにドラッカーが示してくれる時間の目途がしばしば「九か月後」である。

成果をあげる能力が知らないうちに身につくだけでなく、自らの強み、自らの得意とする仕事の仕方、自らが大事にしていることまで、発見あるいは確認されることと思う。これが、ヨーロッパの中世、奇しくもカトリックのイエズス会とプロテスタントのカルヴァン派によって、ほぼ同じ頃開発されたフィードバック分析である。

とるべき行動と身につけるべき姿勢について目標と計画を書き入れていくだけである。あるいはたんに、思いついたことをメモしていくだけである。しかし、それが魔法の働きをする。

『プロフェッショナルの原点』とは、組織において成果をあげる方法と同義である。人と人がコラボレーションすることによって成果をあげていくという意味での今日の組織社会では、組織で仕事ができて初めてプロフェッショナルと言える。私たちの多くがいまだこれに長けていないのは、まさにドラッカーの言うように「組織というものが最近の発明」だからにすぎない。

もともとドラッカーの値打ちは、イギリスの名宰相ウィンストン・チャーチルが喝破したように、人の頭を刺激するところにある。本書に収載したドラッカーの名言も、必ずや読者の頭を刺激するものと信じている。読者の各位におかれては、これを機に、『プロフェッショナルの条件』『経営者の条件』をはじめとするドラッカーの名著の数々を読破し、あるいは再読されることを期待している。その結果さらに新たな発見、さらなる行動と姿勢が生まれてくることを信じている。

本書の刊行にあたっては、ダイヤモンド社の中嶋秀喜氏のお世話になった。厚くお礼を申し上げたい。

二〇〇八年一月

訳者　上田惇生

［著者］
P.F.ドラッカー（Peter F. Drucker、1909-2005）
20世紀から21世紀にかけて経済界に最も影響力のあった経営思想家。東西冷戦の終結や知識社会の到来をいち早く知らせるとともに、「分権化」「自己目標管理」「民営化」「ベンチマーキング」「コア・コンピタンス」など、マネジメントの主な概念と手法を生み発展させたマネジメントの父。
著書に、『「経済人」の終わり』『企業とは何か』『現代の経営』『経営者の条件』『断絶の時代』『マネジメント』『非営利組織の経営』『ポスト資本主義社会』『明日を支配するもの』『ネクスト・ソサエティ』ほか多数ある。

ジョゼフ・A・マチャレロ（Joseph A. Maciariello）
クレアモント大学院大学教授。ニューヨーク大学経済学博士。ドラッカーの同僚であり、長年の友人。

［訳者］
上田惇生（うえだ　あつお）
ものつくり大学名誉教授、元・立命館大学客員教授。1938年生まれ。ドラッカー教授の主要作品のすべてを翻訳、著書に『ドラッカー入門　新版』（共著）などがある。ドラッカー自身からもっとも親しい友人、日本での分身とされてきた。ドラッカー学会（http://drucker-ws.org）初代代表（2005-2011）、現在学術顧問（2012-）。

【ドラッカー日本公式サイト】 http://drucker.diamond.co.jp/

プロフェッショナルの原点

2008年 2月15日　第1刷発行
2017年 7月14日　第22刷発行

著　者――P.F.ドラッカー、ジョゼフ・A・マチャレロ
訳　者――上田惇生
発行所――ダイヤモンド社
〒150-8409　東京都渋谷区神宮前 6-12-17
http://www.diamond.co.jp/
電話／03·5778·7232（編集）03·5778·7240（販売）
装丁――――重原隆
製作進行――ダイヤモンド・グラフィック社
DTP ―――インタラクティブ
印刷――――信毎書籍印刷（本文）・加藤文明社（カバー）
製本――――ブックアート
編集担当――中嶋秀喜

ISBN 978-4-478-00334-3